10대를 위한 세계 분쟁지역 이야기

Maps(graphic adaptation): Peter Hermes Furian/ Shutterstock

*본문에 포함된 사진은 책의 이해를 돕기 위해 한국어판 편집 과정에서 추가한 것입니다.
모든 사진의 출처는 wikimedia입니다.

10대를 위한 세계 분쟁지역 이야기
우크라이나에서 시리아까지, 지워진 일상과 지켜낸 희망 사이에서

초판 1쇄 발행 2023년 10월 20일
초판 4쇄 발행 2024년 9월 30일

지은이 **프란체스카 만노키** | 옮긴이 **김현주** | 감수 **구정은**
펴낸이 **임경훈** | 편집 **김민영**
펴낸곳 **롤러코스터** | 출판등록 제2019-000296호
주소 서울시 마포구 월드컵북로 400 서울경제진흥원 5층 17호
전화 070-7768-6066 | 팩스 02-6499-6067 | 이메일 book@rcoaster.com

ISBN 979-11-91311-29-7 43300

롤러코스터
Rollercoaster
Press

10대를 위한
세계 분쟁지역
이야기

우크라이나에서 시리아까지,
지워진 일상과 지켜낸
희망 사이에서

프란체스카 만노키 지음
김현주 옮김
구정은 감수

✦

추천의 글

공습과 폐허 속에서 삶을 이어가는 이들의 목소리

아프가니스탄, 이라크, 시리아, 우크라이나… 이번 세기에 들어와 다른 나라와의 전면전 혹은 대규모 내전을 겪은 나라들이다. 침략자와 침략을 당한 사람들의 '국적'은 다르지만 모든 전쟁에서 변함없는 것이 있다면, 전쟁은 사람들의 삶을 앗아가고 미래마저 망가뜨린다는 사실이다. 그러나 전쟁, 분쟁을 다루는 보도들은 '국가'라는 모호한 실체를 주어로 두거나, 국가 지도자들을 비롯한 힘 있는 사람들의 목소리로 채워질 때가 많다. 정작 다치고 죽고 고통받는 사람들의 목소리는 뒷전으로 밀리게 마련이다.

이 책은 바로 그런 피해자들, 공습 속에 살아남아야 하고 폐허 속에서도 삶을 이어가야 하는 '사람들'의 목소리를 전한다. 상처와 고통 속에서도 "앞으로 나아가는 한 사람의 여자, 한 사람의 남자"가 되기 위해 애쓰는 평범한 사람들 말이다. 저자는 그들의 눈으로 세상을 바라보기 위해 "내가 알리나나 올가였다면, 내가 후센이었다면, 내가 샤디라면 어떻게 했을까"를 스스로 물어보라고 권한다. 그리고 그들이 자신들의 상황을 어떻게 여기고 있는지를 전달해주는 것에서 그치지 않는다. 그들의 현재를 넘어 그들의 아버지가 살아온 과거를 통해 분쟁 이전의 역사를 살피고, 그들의 딸이 살아갈 미래에 드리워진 그늘을 들여다본다.

말하자면 이 책은 폭력 속에서 살아가는 이들의 증언이자, 동시에 여러 전쟁의 배경을 쉽게 설명해주는 국제분쟁 개론서다.

첫 장을 차지하는 레바논은 유구한 역사를 자랑하는 지중해의 아름다운 나라다. 하지만 역사가 긴 만큼이나 주민들의 민족적·종교적 구성이 복잡하며 그것이 늘 분란의 소지가 되어 안정과 발전으로 가는 길을 막고는 한다. 지난 한 세대 동안 이라크나 아프가니스탄처럼 전면전을 겪지는 않았지만, 주민들의 삶은 분쟁과 다툼, 외국이 개입된 폭력 사태, 정부의 무능과 국가 기능의 마비 속에 전시 상태나 다름없었다. 저자는 레바논 특유의 종파별 권력 분점 체계 등을 소개하면서, 이런 상황에서 살아가는 사람들이 느끼는 불안감과 슬픔을 가감 없이 전해준다. 또한 아프가니스탄을 점령한 소련과 그에 맞서 이슬람 전사들을 키운 미국의 실책, 수십 년의 내전으로 피폐해진 상황 등을 종합함으로써, 2001년 미국의 공격 이전부터 이어진 역사적 맥락을 설명한다. 그리고 리비아와 이라크, 시리아 등 '분쟁 지역' 정도로만 뭉뚱그려 인식되던 나라들의 속사정을 들여다보게 함으로써 21세기의 지정학 이슈들을 이해할 수 있도록 돕는다.

2022년 러시아가 우크라이나 침공을 시작하면서 지난 세기에 다 끝난 줄 알았던 냉전의 유령이 되살아났고, 제2차 세계대전 이후 반세기 넘게 국제사회가 만들어온 국제체제의 틀에 균열이 오고 있다. 우크라이나 동부와 수도 키이우 등을 두루 취재한 저자는 그곳 사람들의 냉엄한 현실을 전해준다. 우리나라와 멀리 떨어져 있기에, 이해하기에 다소 복잡할 수도 있는 사실관계들과 일부 러시아 시각의 서술은 유능한 번역자와 편집자가 명확하게 다듬었다. 이런 몇 가지 점들을 염두에 두고 읽는다면 지금의 세계를 이해하는 데 큰 도움이 될 것이다.

우리에게 세계의 분쟁은 너무 먼 이야기처럼 들릴 수 있다. 하지만 이 책에 나오는 나라들의 분쟁에 우리도 어느 정도 발을 걸치고 있다. 일례로 레바논에는 한국이 동명부대라는 이름으로 병력을 보내 평화유지를 돕고 있다. 이라크와 아프가니스탄에도 파병을 했다. 또한 한국이 파는 무기, 한국이 사들이는 석유, 모든 것이 국제정치와 연결돼 있다. 우리는 지구 반대편에서 일어나는 일이 우리 일상에도 영향을 끼치는 시대를 살고 있음을 늘 염두에 두어야 한다.

국적이 다르고 종교와 민족이 달라도 우리는 모두 세계 80억 시민의 한 명일 뿐이다. 저자는 "그늘 속에 있는 사람들이 우리와 다른 상황에 놓이게 된 이유는 무엇인지에 호기심을 가지고, 세상에 끊임없이 질문을 던지기를 바란다"라고 말한다. 세계에는 200개 가까운 나라가 있고, 한 나라 안에도 여러 민족과 여러 집단이 살아가는 곳들이 많다. 정치적인 이유로 고통을 받거나 전쟁, 분쟁에 신음하는 이들 또한 적지 않다. 우리가 세상 모든 곳의 사정을 알기는 힘들다 하더라도, 지식을 넓혀가야 할 이유는 분명히 있다. 글로벌화된 경제 속에서 세계를 이해하는 것이 나의 이익에 직결된다는 이유 때문만은 아니다. 나와는 다른 상황이나 다른 문화 속에 있는 사람들을 알게 됨으로써 인식의 지평이 확장되고, 연대와 공감의 범위가 넓어지기 때문이다. 인식과 연대, 공감의 폭을 넓힘으로써 우리 안의 단절이나 그늘에 대해서도 더 잘 이해하고 더 잘 보듬을 수 있게 될 것이라고 믿는다.

국제 전문 저널리스트

구정은

피에트로에게

서문

노벨문학상을 수상한 벨라루스 작가 스베틀라나 알렉시예비치 Svetlana Aleksievič는 자신의 책《전쟁은 여자의 얼굴을 하지 않았다》에서 제2차 세계대전에 참전한 젊은 여성들의 증언을 모아놓았다.

> 내가 어떻게 싸우고 총을 쐈는지는 이야기할 수 있지만, 얼마나 어떻게 울었는지는 말할 수가 없다. 이것은 말하지 않을 것이다. 내가 아는 것은 한 가지, 전쟁에서 사람은 무섭고 어두운 존재로 변한다는 것이다.

이 문장에 내가 이 책을 쓴 이유가 요약돼 있다. 전쟁에서 어떻게 울었는지는 이야기할 수 없지만 우리가 알아야 하는 것은 "전쟁에서 사람이 무섭고 어두운 존재로 변한다는 것"이다.

우리가 질문을 던지게 만드는 건 그 무섭고 어두운 존재에 대한 것이다. 이 존재는 우리를 의문으로 가득 차게 만든다.

그렇다면 왜 전쟁에 대한 글을 써야 하는 걸까? 전쟁은 의심스럽고 끝없는 딜레마이며, 전쟁은 우리가 다른 사람의 이야기를 들어야 한다고 가르치기 때문이다.

나는 지난 몇 달 동안 러시아의 우크라이나 침공에 관한 글을 쓰면서, 한 번도 전쟁을 본 적이 없는 사람들에게 전쟁의 본질이 무엇인지 요약할 수 있는 공식이 있을지 궁금했다.

이 의문과 연결해본 이미지는 침공 초반에 보았던 우크라이나 기차역의 승강장 풍경이었다. 한쪽에는 남자들이 있고, 반대쪽에서는 여자와 아이들이 떠나고 있다. 이들은 처음에는 계단에 모여 기다리다가 기차가 다가오면 승강장으로 이동했다. 마지막에는 먼저 기차에 타려고 다른 사람을 밀어내며 서로의 몸이 얽히고설켰다. 여자들은 한 손에는 아이들을 안고, 다른 한 손에는 음식이 담긴 봉지를 들고 있었다.

전쟁에서 멀리 데려가줄 자리를 차지하려는 싸움은 모국에서 뿌리가 뽑혀버려 원시 본능 그 자체로 돌아간 인류의 모습이다. 그 무엇보다 생존이 우선인 것이다.

이 사람들도 전쟁 이전에 각자의 삶이 있었다. 알리나는 기자였고, 이제는 난민을 돕기 위해 자원봉사자가 됐다. 그녀의 할머니에게는 연금을 받는 평온한 삶이 있었으나 이제는 전선에서 군인들의 요리사가 됐다. 올가는 은행에서 일했으나 이제는 아이들을 위한 음식 한 봉지와 몇 벌의 옷만 가진 처지에 놓였다. 올가는 집과 물건, 그리고 자신의 습관에 안녕을 고했다. 그녀는 승강장에서 딸을 품에 안고 내게 말했다.

"저는 이제 예전의 삶은 생각하지 않아요."

올가가 더 이상 과거를 생각하지 않는 이유는 다시는 돌아갈 수 없다는 생각에 익숙해지고 있기 때문이다. 돌아간다 해도 그들의 삶은 완전히 바뀌었다. 전쟁이 그들을 평범한 사람, 평범한 시민, 평범한 노동자, 평범한 학생에서 난민, 실향민, 망명자로 바꾸어놓았다.

이러한 변화는 두 가지를 생각하게 만든다. 첫 번째는 우리가 현실과 인간을 설명하기 위해 사용하는 단어가 우리의 사고를 제한하는 감옥이 될 위험은 없는지 항상 자문해야 한다는 것이다. 그래서 이 책에서는 난민이 무엇을 뜻하는지, 내전이 무엇인지 등 단어 설명에 상당 부분을 할애했다.

독자분들을 위해 썼지만 내게도 공부가 되었고 분쟁의 의미를 다시 한번 되새기는 계기가 됐다. 언어는 우리가 세상에 의미를 부여하기 위한 수단이며 우리는 피상적으로 의미를 확실히 하지 않은 채 사용하지 않는 것으로 언어를 보살펴야 한다.

그래서 '난민'이나 '실향민', 혹은 '이민자'라고 부르며 누군가의 삶을 정의할 때마다 그의 이전 삶에 부합하지 않는 꼬리표를 달게 될 위험이 있다. 난민이나 실향민, 혹은 이민자가 학생이었거나 회사원, 혹은 아버지, 할머니였던 삶 말이다.

따라서 우리가 사용하는 말의 의미를 정확하게 알고 정의를 내려야 한계를 없앨 수 있다는 점을 항상 인지하고 있어야 한다. 더욱이 전시에는 희생자라는 특별한 상태에 놓인 사람들의 삶을 일반화하게 될 위험이 있다.

지난 몇 년 동안 전쟁에서 배운 것이 있다면, 전쟁을 경험하고 살아남은 사람들은 본인이 희생자가 아니라 그 분쟁 속에서도 앞으로 나아가는 한 사람의 여자, 한 사람의 남자로 비치기를 바란다는 것이다.

두 번째는 독자들이 더욱 집중해주었으면 하는 것으로, 이 책을 읽는 지금 이 순간부터 등장인물과 일체화해보라는 것이다. 각 장의 초반부에 '나라면 어땠을까?'라는 의문을 가져보기 바란다. 내가 알리나나 올가였으면 어떻게 했을까, 내가 후센이었다면, 내가 샤디라면 어떻게 했을까?

지금 여러분이 방에서 나가면 다시는 돌아오지 못할 수도 있다는 위험을 안고 우크라이나의 기차역 승강장으로 가야 한다는 상상을 하는 것이다. 여러분이 4~5년 동안 살게 될 새집이 거친 들판에 놓인 천막이고 100명, 200명의 사람들과 화장실을 함께 써야 하고, 물과 음식도 배급을 받아야 한다고 상상해보자. 여러분 마음속에서 어떤 감정이 자라게 될까? 절망이나 분노가 아닐까?

폭격에서 피할 방법이 100명의 사람과 고무보트에 타는 것밖에 없다고 생각해보자. 아이들은 울고, 그 부모들은 고래고래 소리를 지르고 있다. 구조원도 나침반도 없고 망망대해에서 누군가 여러분을 발견해주기만을 바라며 그 고무보트에 타고 있다. 그리고 육지에 도착하면 어떤 대접을 받게 될까?

여러분의 부모님이 누군가의 통치를 방해했다는 이유로 직업도, 이웃도, 친구도 없이 감옥에 갇혀야 한다고 생각해보자. 부모님을 구하기 위해 무엇을 할 수 있을까? 배고프고 목마른 어린아이에게 먹을 것도 물도 없다는 말을 해야 한다고 생각해보자.

이런 생각 연습을 권하는 이유는 내가 취재한 것을 이야기로 풀어놓아야 할 때마다 스스로 해보는 일이기 때문이다. 내가 들은 이야기와 그 삶을 정의할 수 있는 유일한 방법은 그 입장이 되면 어떨지 느껴보는 것이다. 그래야 내가 갔던 곳의 이야기를 전할 수 있다.

내가 만나고 들을 수 있는 특권을 누리는 동시에 책임도 져야 했던 그 모든 것, 그 냄새를 여러분이 맡게 하고, 그 색조를 보게 하고, 내 의혹을 함께 느끼고, 모든 남성과 여성, 노인, 어린아이의 이야기를 들려주고 싶다. 이런 마음으로 이 책에 담긴 역사와 삶을 소개하려는 것이다.

이 책 한 권으로 전쟁과 분쟁, 사회현상을 모두 설명하려는 것은 아니다. 다만 이해할 수 없어 보이는 것을 이해하는 데 유용하고 도움이 되는 방식을 공유하고 싶다.

시야를 넓히려면 다른 사람의 경험을 듣는 것부터 시작해야 한다. 삶이 감정의 표현에만 머무는 것이 아니라, 살아 있는 역사의 일부라는 더 광범위한 의미를 알아야 한다.

듣는 법을 배우려면 다른 사람의 이야기를 듣는 것부터 시작해야 한다. 여러분 앞에 있는 사람이 항상 여러분과 같지 않기 때문이다. 완전히 다를 수 있다.

바로 그 다른 점에서, 그 사람과의 격차를 완화하려는 시도에서 사람들은 서로 가까워질 수 있다. 전쟁을 하는 것이 아니라 공존할 수 있게 되는 것이다.

즐거운 독서가 되기를 바라며.

프란체스카

더하여, 이 책의 초안 작성에 도움을 준 안나 아이롤디에게 감사를 전한다.

차례

4 전제 정권은 쫓아냈지만 봄은 아직 오지 않았다 _ **리비아**

5 ISIS가 지나간 자리, 미래를 찾는 사람들 _ **이라크**

6 혁명이 내전으로, 희망을 찾아 국경 너머로 _ **시리아**

우크라이나
흑해
이탈리아
튀르키예
지중해
시리아
레바논
이라크
이란
아프가니스탄
쿠웨이트
파키스탄
알제리
리비아
이집트
사우디
아라비아
수단

러 시 아
동해
대한민국
인도양
호주

1 모두가 원하는 것은 평화와 안정뿐

레바논

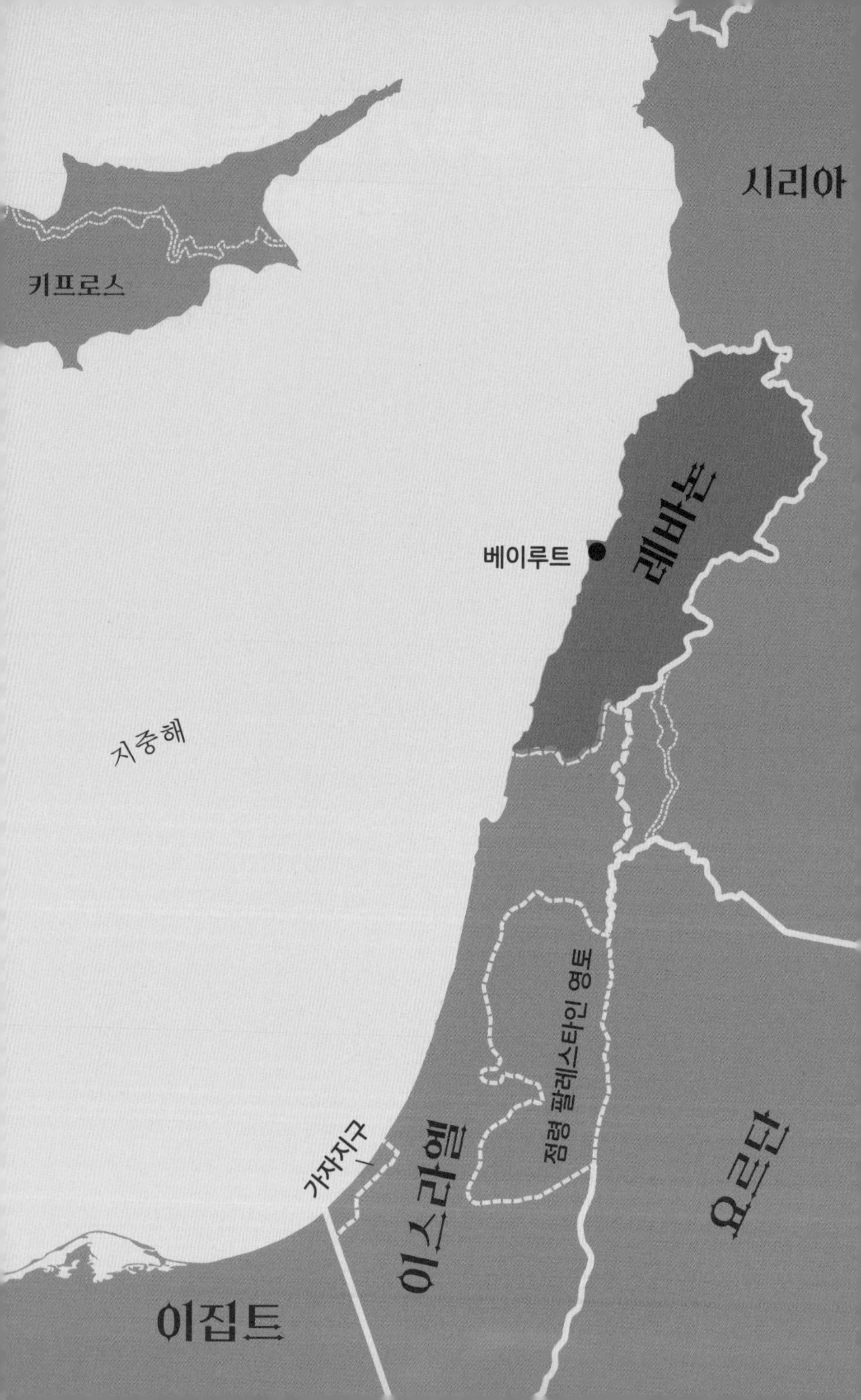

시리아
키프로스
레바논
베이루트
지중해
정령 팔레스타인 영토
가자지구
이스라엘
요르단
이집트

지도 속의
레바논

우리는 여행을 떠나기 전 도착지에 대한 환상을 가진다. 눈앞에 어떤 풍경이 펼쳐질까? 길을 걸을 때 어떤 음악과 함께하고, 주위에는 어떤 색이 보일까? 내가 만나게 될 그 모든 전통과 맛, 언어, 종교에서 풍기는 분위기를 모두 느낄 수 있을까?

낯선 장소를 알게 되는 기쁨을 누리는 여행이든, 내 인생과 다른 삶의 모습을 설명해야 하는 의무가 동반된(무엇보다 책임감이 크다) 여행이든 이런 상상에 빠지곤 한다.

우정과 사랑, 기자로서의 열정 때문에 오게 된 이 나라, 레바논도 그랬다. 레바논은 규모가 아주 작고 지난 세기의 모든 밀도가 농축된 듯한 역사를 지닌 곳이다.

그렇게 탱자나무의 나라, 그 향기롭기 그지없는 거대한 과실수의 나라를 돌아다니며 여행을 시작했다. 오랫동안 이 나라에 활기를 불어넣은 과시적인 복지와 그에 뒤지지 않을 정도로 힘겨운 가난, 두 가지 양상이 함께한다는 점을 항상 염두에 두고서 말이다.

이제부터 한 걸음 뒤로 물러서서 레바논을 파악해볼 것이다. 동시에 지리적인 위치가 한 나라의 역사를 만드는 이유에 대해서도 살펴볼 것이다.

레바논은 지중해 동부 해안에 위치하고 남쪽으로는 이스라엘, 동쪽으로는 시리아와 국경을 접하고 수도는 베이루트Beirut다. 인구는 거의 700만 명 정도다. 레바논의 종교는 매우 다양하게 구성되어 있고, 확인된 종교 단체만 해도 열여덟 개나 된다. 그중 가장

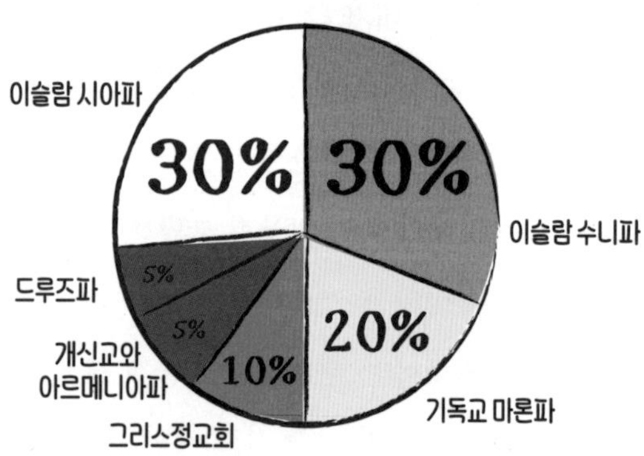

레바논의 종교 분포

규모가 큰 단체는 이슬람 시아파와 수니파이고 그 뒤를 이어 기독교 마론파와 그리스정교회, 그리고 개신교, 아르메니아파와 드루즈파 순으로 이어진다.

레바논의 역사는 복잡하고 풍부하다. 면적만 놓고 보면 세계 160위권의 작은 나라라는 점을 생각하면 이상해 보일 수 있지만, 그 한정적인 범위에도 불구하고 역사적으로 중요한 변화의 지점이자 국제적 이해관계와 인접 국가들의 교차점이다.

19세기부터 전 세계 강대국은 레바논이 완충 국가라는 이유로 지속적으로 이 나라에 개입했고 레바논의 주권은 말 그대로 위험에 처하는 일이 잦았다.

제1차 세계대전이 끝날 때까지 레바논은 오스만제국의 일부였다. 1920년, 국제연맹이 프랑스에 시리아와 레바논에 대한 위임 통치권을 주었다. 이는 사실상 프랑스가 정치적으로 자기 주도적인 통치를 할 수 없는 두 국가의 보호와 운영을 맡게 된 것이었다. 레바논은 23년이 지난 후에야 독립할 수 있었다.

레바논의 이야기는 끝에서 시작되고, 그 끝에서 오래된 과거로 거슬러 올라가는 이야기가 만들어진다. 레바논을 보면 역사란 항상 되풀이되는 사건의 순환에 지나지 않는다는 것을 깨닫게 된다.

1975년부터 1990년까지 15년간 이 나라를 휩쓴 내전도 다시 돌아온다. 이 전쟁의 망령은 당시에 살던 사람들의 증언 속에서, 지금까지도 그 전쟁의 여파에 시달리고 고통의 무게를 견디고 있는 사람들의 이야기에서 다시 나타난다.

친절한 미소를 머금은 젊은 여성 미르나도 그렇다.

✦

베이루트 항구의 **폭발**

2020년 8월 4일 오후, 베이루트는 항구 지역에서 발생한 두 차례의 대폭발 후에 분홍색 가스 버섯으로 뒤덮였다. 이 충격의 여파가 얼마나 컸는지 베이루트 건너편의 섬나라 키프로스에서도 폭발 소리가 들렸고 지진계에 기록된 수치는 리히터 규모 3.3의 지진으로 나타났다.

몇 분이 채 지나지 않아 화염에 휩싸인 항구와 파괴된 건물, 산산조각 난 나무, 항구 지역에 인접한 고속도로에 박살 난 자동차, 수십 킬로미터에 걸쳐 모든 집의 유리창이 깨져 있는 모습 등 폭발 후의 장면이 전 세계에 중계됐다.

이 참사의 원인은 2013년 11월 몰도바 국적의 러시아 기업 선박에서 압류하여 베이루트 항구 격납고에 보관돼 있던 질산암모늄

2020년 베이루트 폭발 사고 현장

© Mahdi Shojaeian

(비료를 만들 때 사용하지만 폭탄을 제조할 때도 사용되는 화합물) 2750톤의 폭발이었다. 이 폭발로 200여 명이 사망하고 7000여 명이 부상을 당했다.

최근 미국에서 실시한 조사에 의하면 정부와 관세청, 세 곳의 부처와 레바논군 사령관, 판사 두 명을 비롯해 대통령까지 이런 상황에 대한 위험성을 수차례 경고받은 것으로 나타났다. 그러나 그 누구도 이 비극을 막을 조치를 취하지 않았다. 항구 지역에는 15만 명이 넘는 사람이 살고 있었는데도 말이다.

그런데 왜 베이루트에서 이 항구가 그토록 중요할까? 그 이유는 레바논이 식품에서 사치품에 이르기까지 사람들이 필요로 하는 거의 모든 물품을 다른 국가에서 수입하기 때문이다. 금액으로 따지면 연간 150억 달러에 상당하는 물량이다. 그리고 수입된 물량 대부분이 베이루트 항구를 거치기 때문에 수십 년 동안 사업과 불법 행위가 같은 의미로 통하는 곳이기도 했다.

이 항구는 관세(정규적으로 수입되는 모든 것에 징수되는 세금)로 인한 소득만큼 불법 거래에서 파생되는 뇌물 분배(뇌물로 주고받는 금액)로도 유명하다.

2020년 8월 4일로 돌아가보자. 그날 미르나는 공부를 끝내자마자 18개월 된 아들 크리스티안에게 우유를 먹이려 했으나 다 떨어지고 없었다. 당시 그녀는 서른여섯 살이었고 항구 근처 베이루트 시내의 카란티나에 살고 있었다. 미르나는 아들을 자동차 카시트에 태우고 집에서 멀지 않은 마르 미카엘에 있는 약국으로 향했다. 베이루트의 젊은 층이 친구나 가족과 산책이나 구경하러 다니기도 하고 춤을 추러 가기도 해서 주로 오후와 저녁 시간에 붐비는 곳이다. 아니, 이제 과거형으로 그런 곳이었다고 표현하는 것이 맞겠다.

“저는 길 한복판에 있었고, 오른쪽을 보니 항구가 폭발하는 모습이 보였어요. 폭탄이 터진 줄 알았어요.”

이후 미르나가 기억하는 것은 단 몇 분 사이 아들이 피와 유리 조각으로 범벅이 되어 있었고, 본인도 마찬가지였다는 것이다. 그리고 주위에 있는 사람들이 모두 죽은 것 같아서 두려움을 느꼈다는 것뿐이다. 차에서 내린 미르나는 생기를 잃은 시신 사이를 걸었고, 주위는 피와 연기, 유리 조각으로 가득했다. 당시 충격의 여파가 얼마나 강했는지 자동차를 50미터까지 날려버릴 정도였다.

“무엇인가에 어깨가 짓눌리고 유리 파편이 손과 눈을 찌르는 것만 느껴졌어요.”

미르나는 병원으로 달려갔고 아들을 살려달라고 애원했다. 그 몇 시간을 떠올리던 미르나는 어느 간호사가 다가와 한 말을 기억해냈다.

“저기요, 얼굴 좀 가리세요. 그러고 있으면 다른 사람들이 놀라잖아요."

처음에는 간호사가 왜 그런 말을 하는지 몰랐다. 잠시 후 거울을 보고 나서야 유리 조각이 자신의 오른쪽 눈을 찌르고 있는 것을 알았다. 결국 며칠이 지나지 않아 미르나는 시력을 잃었다. 현재 오른쪽 눈은 온통 하얗게만 보인다.

30년 전 미르나가 아직 어린아이였을 때, 군인이었던 그녀의 아버지도 오른쪽 눈을 잃었다. 1980년대 레바논이 내전을 치르고 있을 때였다. 미르나의 아버지는 국방부 사무소에서 근무하던 중에 미사일 공격을 받았다. 동료는 사망했고, 미르나의 아버지는 그나마 목숨은 건졌지만 한쪽 눈을 잃었다.

미르나는 자신과 가족을 이끄는 운명이 형벌 같다고 말한다.

"전쟁 이후로 좋은 것이 하나도 없었어요. 매년 무슨 일이 일어나 상황이 점점 더 나빠졌죠. 전쟁과 침략이 계속되고 경제는 몰락했어요. 그런데 이번에는 폭발까지 일어난 거예요."

미르나의 어머니는 죽음의 두려움을 두 번이나 겪었다. 레바논이 변하면서 이 두려움도 바뀌었다.

"제 남편은 군인이었어요. 국방부에 미사일이 날아온 날 남편은 운이 좋았죠. 남편만 살아남았거든요. 하지만 폭격으로 한쪽 눈을 잃었어요. 전쟁 중 군인들이 시내에서 싸울 때도 위험하다는 것을 잘 알고 있었어요. 우리가 전쟁터가 된 도시에서 살고 있다는 것을 알고 있었기 때문에 대피소에 숨을 준비를 하고 있었죠. 두려웠지만 지금과는 다른 두려움이었어요. 왜냐하면 당시에는 어떤 식으로든 사건을 예측하고 테러가 일어나면 대처할 수 있었거든요. 하지만 항구 폭발은 완전히 다른 문제였어요. 전혀 예상하지 못했죠. 전쟁에서 터지는 폭탄과는 달랐어요.

이제는 모든 것이 두려워요. 내부에도 적이 있고 외부의 적은 물론, 경제 위기와 가난도 두려워요. 우리는 오랫동안 전쟁을 생각하지 않으려 했고 아이들은 다 컸어요. 아이들이 자라는 동안 전쟁을 잊으려 무척 노력했어요. 그런데 과거가 다시 돌아왔어요. 레바논은 다시 전쟁터가 됐어요. 제 딸 미르나가 아버지와 같은 신세가 됐어요. 미르나의 아버지는 서른다섯 살에 전쟁 때문에 한쪽 눈을 잃었고, 미르나도 비슷한 나이에 폭발로 시력을 잃었죠."

레바논 내전
1975~1990년

미르나의 어머니가 말한 전쟁은 1975년 4월 13일 기독교 마론파 레바논 군대와 PLO(팔레스타인 해방 기구)의 지원을 받는 민족 운동파 간에 벌어진 두 번째 내전이다. 이 전쟁은 15년간 지속됐고 15만 명의 목숨을 앗아가고 30만 명의 부상자를 낳았으며, 거의 100만 명에 이르는 인구가 이민을 갔다.

한때 중동 지역의 파리Paris로 여겨지던 베이루트가 수년간의 위기를 겪으며 파멸되면서 레바논이라는 국가 자체가 아슬아슬한 붕괴의 길로 접어들었다.

이 전쟁은 팔롱헤파(기독교군)와 팔레스타인파 간의 충돌이 계기가 되었지만, 충돌의 원인이 바로 변모해 기독교 마론파와 무슬림 공동체 간의 갈등이 더 악화되었고 결국 내전이 터지면서 수도인 베이루트가 분할되며 '녹색 선Green Line'을 중심으로 서부는 무슬림, 동부는 기독교인이 장악했다.

레바논 내전은 양측 모두에게 비극적인 학살의 전쟁이기도 했다. 특히 기독교인들이 저지른 텔 알자타르와 카란티나의 팔레스타인 학살이 잔인했고, 팔레스타인 측에서 다무르의 기독교인들을 학살한 사건도 그에 못지않게 처참했다.

1980년대 말까지 무슬림과 기독교 간의 싸움은 레바논의 사회와 국가의 권위까지 모든 것을 분열시켰다. 믿기 힘들겠지만, 15년간의 전쟁을 치른 후에도 그 어떤 단체도 다른 단체에 대한 지배권을 얻을 수 없었고 종파 분열은 이전과 다를 바 없이 계속됐다.

살아남은 레바논 국회의원들이 1989년 타이프 조약Treaty of Taif 협정에 서명하면서 '승자도 패자도 없는' 상황이라는 것이 확정되었으나, **콘페셔널리즘**Confessionalism은 삭제되지 않은 채 헌법 개정으로 이어졌다. 이 협정은 군사 전쟁인 내전은 끝냈지만, 다른 수단을 동원한 싸움을 불러일으켰다. 협정의 내용은 사실상 각 기관의 최고 직책을 종교적인 기준으로 구분하도록 설정하고 있었다. 대통령은 마론파 기독교인이어야 하고, 총리는 수니파 무슬림, 의회 의장은 시아파 무슬림이어야 했다. 종교적 분열로 촉발된 전쟁의 해결책으로 나온 협정이 다시 한번 각 단체의 신념만 강조하는 꼴이 되고 만 것이다.

종파주의*는 정치인들이 영향력을 사용해 자신과 긴밀한 집단에 이익을 제공할 가능성을 보장해주었다. 이런 정치인 중 대다

키워드

종파주의

종파주의Sectarianism는 그룹을 의미하는 용어인 '종파Sect'에서 유래되었다. 서로 다른 문화와 종교, 관습을 가진 사람들이 살고, 같은 종파에 소속된 사람들의 유대가 강한 사회를 가리킬 때 사용하는 용어다. 또한 서로 다른 종교 집단의 공존이 평화

롭지 않고 폭력적이고 국가 내에서 권력을 얻고자 충돌하기도 하는 사회를 가리키기도 한다. 종파 사이에서는 수많은 대립이 발생하는데, **수니파와 시아파***가 대표적이다.

다양한 종파를 수용하고 있는 레바논(가장 규모가 큰 종파는 이슬람교 시아파와 수니파, 기독교 마론파다)은 각 종교 단체가 정부에서 권력의 일부를 위임받으므로 권력 분할과 관련된 종파주의의 예를 보여준다. 레바논에서는 대통령은 기독교 마론파여야 하고, 총리는 이슬람 수니파, 의회 의장은 이슬람 시아파에서 나올 것이다.

종파주의는 정치적 권력의 분열뿐 아니라, 사회 조직과도 관련 있다. 어느 한 종파에 속한 사람들은 교육, 직업, 건강 관리와 같은 다양한 활동에 자신들의 지도자에게 자문을 구한다. 이런 식으로 종파의 구성원들과 지도자 간의 유대가 강화되고 종파주의가 커지며, 집단의 구성원이 지도자와 그들의 권력에 의존하게 되는 경우가 많아진다. 그래서 종파주의는 한 사회를 내부적으로 분열시키고 타 집단과 소통하지 않고 경쟁하면서 더 많은 권력이나 더 많은 권리를 얻기 위해 대립한다.

수는 내전 시기에는 군벌이었다가 사면받고(국가로부터 범죄를 용서받음) 지금도 권력을 유지하고 있다.

종파주의는 국가를 통합으로 이끄는 것이 아니라, 그저 각 단체가 돈과 자금, 즉 동의를 구하기 위한 알리바이가 되고 말았다.

키워드

수니파와 시아파

이슬람교는 신도의 수가 18억 명에 이르며 기독교에 이어 신도 수 세계 2위의 종교다. 모든 무슬림은 세상에는 유일신인 알라만 존재하고 무함마드는 그의 예언자라고 믿는다.

서기 632년 무함마드가 사망했을 때, 이슬람 단체를 이끌던 그의 자리에 누가 앉아야 할지를 두고 분쟁이 일어났다. 신도의 대부분이 무함마드의 장인인 아부 바크르Abū Bakr가 적임자라고 생각했지만, 일부는 무함마드의 혈족이 지도자가 되기를 바랐다. 예를 들면 사촌인 알리Alī와 같은 인물을 원했다. 이 두 가지 주장에서 두 가지 생활 방식과 이슬람 실천 방식이 나오게 됐는데, 이것이 수니파Sunni와 시아파Shi'a다.

수니파는 '순나Sunnah를 추종하는 자들'이다. 순나는 쿠란Qurān과 함께 수니파에서 지키는 신성한 말씀 중 하나다. 무함마드의 말과 행동이 순나에 수집되어 신도가 따라야 하는 본보기가 되었다. 따라서 수니파는 서면 문서와 그 가르침에 대한 연구, 그리고 일상생활에의 적용 등에 큰 비중을 둔다. 수니파에서 금요일 기도를 지도하는 신도는 모두 이맘Imām이 된다.

반면 시아파는 알리의 직계 후손만 이맘이 될 수 있고, 이들만 무슬림 공동체를 이끌 수 있다. 마지막 이맘이 사망한 후, 시아파는 아야톨라Āyatollāh 중에서 신도 공동체를 관리할 책임을 맡을 영적 지도자를 결정했다. 이들은 시아파에서 우월한 권위자가 되는 반면, 높은 평가를 받는 울라마Ulamā(신학 및 법학자)는 이맘의 칭호를 얻을 수 있다. 수니파와 달리 시아파는 종교적 계층 구조가 훨씬 폐쇄적이며 성직자의 권위에 정치적으로도 상당한 무게가 실려 있다.

이후 세월이 흐르면서 양쪽 모두에서 극단주의 집단, 즉 이슬람의 급진적 성향을 이용해 테러를 정당화하려는 종교 집단이 발생했다. 수니파계에서 가장 유명한 집단은 알카에다Al-Qaeda(2001년 9월 11일 세계무역센터를 공격한 범인으로 판단되는 집단)와 보코하람Boko Haram(아프리카에 주로 확산되어 있는 집단), ISIS(이슬람 국가) 등이다. 시아파계에서는 레바논의 준군사 조직이자 정당이기도 한 헤즈볼라Hezbollāh가 테러 집단으로도 여겨진다.

수니파와 시아파는 지리적으로는 중동에 분포되어 있다. 이 지역에는 아프가니스탄이나 사우디아라비아(이슬람 성지 메카Mecca가 있는 나라), 그리고 수니파의 대부분이 자리 잡은 이집트 같은 국가들이 있다. 반면 시아파는 대부분 이란과 이라크, 바레인에 있다. 많지는 않지만 시아파가 권력을 잡고 있는 시리아와 같은 일부 국가는 상황이 더욱 복잡하다. 사실상 이 지역에서는 대부분의 수니파 주민이 바샤르 알아사드Bashar Al-Assad의 통제를 받고 있으며, 이 일족이 시아파의 분파에 속한다.

또한 권력의 종파적 분할의 완벽한 예가 되었다.

다시 베이루트 폭발 사건으로 돌아가자.

2019년의 혁명, 왓츠앱에 대한 세금

위에서 내려다보면 그야말로 재앙이다. 거대한 저장고가 파괴된 것이 한눈에 확 들어온다. 물속에 배가 거꾸로 처박혀 있다. 항구 내의 도로를 따라 펼쳐진 잔해 때문에 이곳이 원래 어떤 곳이었는지는 구분이 된다. 내가 베이루트에 갔을 때 두 가지 때문에 충격을 받았다. 바다를 향하고 있는 낮은 벽에 항구로 이어지는 길을 따라 "우리는 정의를 원한다"라고 적힌 위풍당당한 글귀와 사진이 있었다. 폭발 참사로 희생당한 자들의 사진이었다.

나는 한참 동안 길을 걸으며 이 나라가 어떻게 될지, 길가에 쌓인 잔해는 어떻게 될지를 생각했다. 언제인지 정확히 기억은 나지 않지만, 그런 의문에 이어 현재의 레바논과 내가 알던 레바논을 비교하며 깊은 생각에 잠겼다. 그러던 중 자동차 한 대가 속도를 늦추며 다가오더니 멈춰 섰다. 부부와 남자아이, 그리고 어린 여자아이 한 명이 차에서 내렸다. 그러고는 바다를 등지고 서서 폐허가 된 베이루트 항구 앞에서 사진을 찍었다. 아마 관광객이었던 모양이다. 나는 이 폭발이 이미 역사책의 연대기에 정리될 또 하나의 사건이 된 것은 아닌가 싶었다.

잠시 후 다시 걸으며 희생자 유족들의 시위 장소로 향했다. 남녀노소 가릴 것 없이 정의를 부르짖으며, 두 번 다시 책임자들에 대한 면책을 받아들이지 않겠다고 목소리를 높였다. 베이루트 항구의 3번 출입구 앞 현수막에 그 문장이 적혀 있었다. 폭발 사고가 발생한 이후 매월 4일이면 희생자 유족이 다 함께 모여 정의를 부르짖고 있다. 이들이 원하는 것은 책임자들이 조사와 재판을 거친 후 처벌을 받고, 사랑하는 가족의 죽음이 단순한 추모비로 끝나지 않는 것이다. 그래서 매월 폭발이 온 도시를 뒤흔든 바로 그 시간인 18시 7분에 수십 명의 사람이 촛불을 켠다.

놀라운 것은 종교와 상관없이 모든 레바논인이 그 안에 있다는 점이다. 수니파와 시아파, 기독교를 비롯해 드루즈파까지 있다. 비극은 종교적 차별 없이 모두에게 찾아오고, 멀리 떨어져 있는 사람까지 정의를 찾아 하나가 되게 만든다.

미소를 짓고 있는 어느 젊은 남자의 사진 앞에서 남자아이가 물었다.

"우리 아빠 어디 있어요? 누가 아빠를 데려갔어요?"

그러자 화면이 연령과 교파를 표시한 화면으로 바뀌었다. 여성과 남성, 어린이, 무슬림, 기독교인도 있었다. 여성 무슬림과 기독교인이 아무런 장벽 없이 서로의 손을 잡고 함께 기도했다.

미르나는 어머니와 함께 폭발 후 4~5개월 동안 부서진 집을 다시 일으켜 세웠다. 인도주의 단체에서 도와주었지만, 정부 사람들은 아무도 나타나지 않았다.

아직도 페인트 냄새가 풍기는 그 집 거실에서 두 여성이 설명한 바에 의하면 이 또한 전쟁 후 레바논의 권력을 나눈 역학의 결과라고 했다. 모두가 책임자인데 아무도 책임을 지지 않는다.

"그들 모두 지금 우리 세대가 겪고 있는 재앙에 책임이 있어요. 제가 보기에는 더 나은 나라에서 살 수 있을 거라는 희망은 거의 없지만 아이들을 위해, 제 아들을 위해 더 좋은 나라가 됐으면 하죠. 우리 아이들의 인권이, 그 기본적인 권리가 보호되는 좋은 나라에서 살 수 있기를 바라요. 하지만 정치 수준이 지금과 똑같으면 우리에게 정의는 없을 거예요. 모두 바뀌어야 해요. 과거보다 훨씬 더 큰 혁명이 필요해요."

혁명 이야기를 하던 미르나는 2019년 가을, 폭발이 있기 전에 시작된 시위의 물결을 언급했다. 그리고 지구의 한쪽에서 생각해 보면, 그 시위의 명분이 떠올라 거의 헛웃음을 짓는 듯한 표정이 된다. 왓츠앱에 대한 세금 때문이었다. 휴대폰 애플리케이션의 인스턴트 메시지에 부과하는 세금이 몇 주 동안 전 세대가 거리로 나서게 만들었다.

미르나도 시위가 열리는 광장에 있었다. 2019년 가을, 레바논은 인구의 절반이 이미 빈곤층 이하의 생활을 하고 있었다. 국민 모두에게 나눌 돈이 없었고, 모두에게 제공할 일자리도 없었다.

수천 명의 분노를 터뜨린 원인은 몇 가지 법률 때문이었는데, 그중에는 휴대폰 메시지 애플리케이션 프로그램에 20센트의 세금을 부과하는 정책이 포함되어 있었다. 우리는 여기서 두 가지를 고려해야 한다.

첫 번째는 레바논에 사는 인구는 700만 명 정도지만, 해외에 거주하는 레바논인은 그 두 배가 넘는 거의 1500만 명이나 된다는 점이다. 수많은 레바논 사람에게 왓츠앱 통화는 손쉽고 경제적으로 멀리 떨어져 있는 가족과 연락하며 지낼 수 있는 수단이었고, 이 외에는 딱히 방법이 없었다.

두 번째는 가난한 형편에 세금으로 허덕이며 '도와달라'고 울

부짖던 레바논 사람들을 더 견딜 수 없는 지경에 이르게 만들었다는 점이다. 넘치기 직전의 화병에 또 한 방울을 얹은 셈이다.

당시 정부가 왓츠앱에 대한 법안과 세금을 취소하려 했음에도 시위는 중단되지 않았다. 일 보 후퇴만으로는 이미 시작된 반란을 멈추기에는 역부족이었던 것이다.

레바논 사람들은 일본과 그리스 다음으로 전 세계에서 세 번째로 부채가 많은 나라에서 살면서 폐허가 된 도로와 모두가 사용하기에는 턱없이 부족한 전기, 제한된 양의 수돗물, 실업 문제를 감당하는 데 지쳐 있었다.

"저나 제 어머니의 문제는 폭발 후 우리끼리만 소매를 걷어붙여야 한다는 게 아니었어요. 우리는 스스로를 감당하는 데 익숙해졌거든요. 진짜 문제는 돈이 얼마 남지 않아서 더 이상 아무것도 할 수 없다는 것이었어요."

미르나는 항변했다.

"2019년에 터진 경제 위기는 저축의 가치를 망가뜨렸어요. 새로운 세금에 반대하기 위해 광장으로 나갔더니 은행이 2주째 문을 닫았더군요. 은행이 다시 문을 열었을 때 우리의 적금은 아무 가치가 없었어요. 그제야 우리의 문제는 단순히 잘못된 세금 문제에만 관련이 있는 것이 아니라, 우리의 돈이 하루아침에 휴지 조각이 될 수 있다는 걸 알게 됐죠."

대체 무슨 일이 있었던 걸까? 그 이유를 찾으려면 1997년까지 거슬러가야 한다.

✦

1997년
레바논 리라 사기

1997년에는 레바논 리라(통화로 따질 때는 '리라'로 부른다)가 고정 환율 달러 1500으로 묶여 있었다. 말하자면 1500리라가 1달러인 것이다. 이 고정 환율은 시민들에게 안정적인 통화와 주변 국가보다 확실한 복지를 보장했다. 레바논은 경제적으로 저축을 유도하고 저축 금액을 늘려 투자하기에 좋으며 풍요롭고 성장 가도를 달리는 국가인 것 같았다.

레바논 은행은 겉으로 보기에는 견고하게 해외 자금을 유치하고 있었다. 당시 레바논 은행은 레바논은 안전하니 당신들의 돈을 가져오라고 온 세상에 떠들어댔다. 투자자와 예금자가 달러로 돈을 가져왔고, 레바논 은행은 연 10% 이상의 이율을 적용했다. 예를 들어 우리가 어느 은행에 1년 동안 100유로를 맡기면 12개월 후에는 110유로가 되는 것이다.

수백만 달러가 이렇게 불어난다고 생각해보자. 이것은 거의 사업이라고 볼 수 있었다. 하지만 안타깝게도 높은 이율 뒤에는 엄청난 사기극이 숨어 있었다. 일명 '폰지 사기'라고 불렀는데, 다른 자본금으로 이자를 상환하는 방식이었기 때문이다.

어떤 사람이 은행에 100달러를 가져오면, 레바논 은행은 이 돈을 110달러로 만들기 위해 은행의 돈이 아닌 다른 투자자가 가져오는 돈을 사용했다. 그러니까 다른 투자자의 돈이 들어오기를 기다리는 것이지 당장은 돈이 없는 것이다.

정말 대단하고 엄청난 사기였다. 은행가는 그 높은 환율로 상환할 돈을 쥐고 있지 않은 상태에서 투자자와 예금자를 유치한다는 것을 알고 있었다. 이러한 유형의 사기에서 어느 한 부분이 문제가 생기면 카드로 만든 성은 단번에 무너진다(실제로 그런 일이 벌어졌다). 그리고 현지 통화는 아무 가치가 없어진다.

레바논에서도 그 붕괴가 일어났다. 이 사기극은 2011년, 시리아 전쟁이 시작된 후부터 흔들리기 시작했다. 투자자들이 전쟁터 가까이에 돈을 두는 것이 염려되어 자금을 회수하기 시작한 것이다.

사기극의 꼬리가 잡히기 시작했고 2019년 시위가 일어나면서 사기의 전말이 완전히 드러났다. 시위가 일어난 후 사람들은 자신들의 돈을 받으려 은행 문을 두드렸지만 돈은 이미 사라지고 없었다.

세계 은행World Bank에 의하면, 당시 레바논의 경제 위기는 19세

키워드

인플레이션

인플레이션Inflation은 시간이 흐르면서 물가가 인상되는 경제 현상을 말한다. 인플레이션이 발생하는 이유는 매우 다양하지만, 한 가지 알아두어야 할 점은 전쟁 후에는 거의 무조건 나타나는 현상이라는 것이다. 말하자면 전쟁의 직접적인 결과인 셈이다. 그렇다면 인플레이션은 어떻게 따지는 것일까?

인플레이션율은 특정 기간 동안 물가가 얼마나 인상되었는지 나타내는 비율이다. 예를 들어, 작년에 어떤 스웨터의 가격이 100유로였는데 올해는 같은 옷이 110유로가 됐다면 인플레이션율이 10% 상승한 것이다.

인플레이션의 가장 큰 문제는 통화의 구매력이 감소되는 것이다. 구매력은 우리가 특정 통화로, 예를 들면 유로화로 구매할 수 있는 것을 의미한다. 인플레이션 이전에는 1유로로 샌드위치 다섯 개를 살 수 있었다면, 인플레이션 이후에는 1유로로 샌드위치를 하나밖에 살 수 없게 되는 것이다. 이것은 우리 통화의 구매력이 가격이 인상된 시점에 다섯 배 감소했다는 뜻이다. 즉, 인플레이션 때문에 우리 돈의 구매력이 감소한 것이다.

레바논의 경우 인플레이션율이 매우 높아(2022년 1월 기준 240%

였다) 물가가 네 배나 치솟았다.

기 중반 이후에 발생한 세계 최악의 경제 위기였다. 당해 9월 말의 연간 **인플레이션*** 비율이 짐바브웨나 베네수엘라 등의 국가를 뛰어넘어 사상 최대 수준으로 치솟았다는 점을 생각해보자.

✦

현재를 도둑맞은 여성, 멜리사의 이야기

2019년 10월, 멜리사도 미르나와 함께 광장에 있었다. 당시 멜리사는 스물다섯 살이었고, 베이루트의 청년 기업을 대상으로 인터넷 사이트를 제작하는 회사에서 일했다. 멜리사의 아버지는 사우디아라비아에 사는 1500만 디아스포라Diaspora 레바논인 중 한 명이었다. 당시 레바논인들은 매일 왓츠앱으로 통화를 했고, 해외에서 번 돈을 레바논 경제에 투자했다. 그런데 레바논의 경제는 겉으로 보기에는 매우 튼튼하지만 실제로는 그렇지 않았다. 레바논인들은 폰지 사기로 오염된 그 작위적인 경제에 돈을 넣고 있었다.

2019년 10월 레바논 정부의 부패와 긴축에 항의하는 시위 현장

ⓒ RomanDeckert

멜리사의 아버지는 걸프(페르시아만_옮긴이)에서 일했고, 레바논 은행으로 돈을 보냈다. 멜리사 부친이 생각하기에 안전한 방법이었고, 실제로 레바논은 성장하고 있었다. 그러나 그 부와 복지, 모든 것은 가공된 것일 뿐이었다.

멜리사의 집은 중산층이다. 아니, 경제 위기가 단 몇 년 만에 기존의 중산층을 무너뜨렸으니 한때 그랬었다고 해야 할 것이다. 경제 위기 이전에 멜리사는 1200달러(한국 돈 150만 원_옮긴이), 레바논 리라로 1800리라 정도의 돈을 벌었다. 지금도 그녀의 수입은 1800리라지만, 달러로는 40달러(한국 돈 5만 원_옮긴이)밖에 되지 않는다. 여기서 우리는 시장 물가가 매일 오른다는 점을 생각해야 한다. 식료품과 의류, 도서에 이르기까지 모든 상품의 가격이 상승했다.

멜리사의 집은 항구에서 600미터 거리에 있다. 폭발이 있던 날 멜리사는 거실에 있었다. 내가 그녀를 만나 그녀의 기억과 절망, 그리고 두려움에 대해 들었던 바로 그곳에 있었다.

폭발의 충격으로 멜리사는 거실 벽으로 내동댕이쳐졌다. 멜리사의 몸에는 아직도 폭발의 흔적이 남아 있다. 당시 등에서 팔, 다리까지 무려 64바늘을 꿰매는 수술을 받았기 때문이다.

"우리는 경제 위기가 끝나면 모든 것이 정상으로 돌아올 거라 생각했어요. 지금은 그 어떤 것도 예전으로 돌아갈 수는 없다고 생각하죠. 레바논에서 권력은 항상 수니파와 시아파, 드루즈파로 나뉘어 있어요. 그렇게 분리된 권력과 더불어 시민들도 분리되어 있고요. 어떻게 보면 시위는 좋은 계기였다고 볼 수 있어요. 하나를 위해 적어도 한 번은 다 같이 뭉칠 수 있었으니까요."

멜리사는 말했다.

"종교나 정치색을 담은 깃발은 없었어요. 레바논 국기만 있었죠. 당시 가장 가슴 벅찬 부분이 바로 그거였어요. 왜냐하면 기본적으로 모두가 원하는 것은 평화와 안정뿐이거든요. 사실 자기가 사는 나라에 그렇게 기본적인 것을 요구하게 되면 안 되죠. 당연히 누려야 하는 것이잖아요.

이 나라에서 정의를 얻으려고 항의하다 목숨을 잃은 사람들이 있어요. 누군가는 희망을 잃고 몸에 불을 지르기도 했죠. 우리가 믿음을 잃기 시작했을 때, 참 가슴 아프더군요. 그 광장에서 우리는 하나로 뭉쳤어요, 모두 다요. 그런데 바뀐 것은 아무것도 없어요. 문제는 정치인 개인이 아니라 체제 자체니까요. 누군가 사임하면 그의 사촌이나 아들, 처남이 그 자리를 대신하죠. 우리는 희망을 잃어가고 있어요. 그들은 제 현재를 훔쳐갔고, 지금은 제 미래를 훔치고 있어요. 여기 레바논에서 예전의 모습을 생각하면, 모든 것이 거짓말 같아요."

멜리사의 집에서 내다보면 저 멀리 항구에 부서진 사일로들이 보인다. 창문의 유리 하나는 아직도 깨져 있는 상태다.

"멜리사, 왜 유리를 갈아 끼우지 않죠?"

그러자 멜리사가 대답했다.

"언제 갈아 끼우게 될지가 문제예요. 앞으로 무슨 일이 또 일어날지 모르잖아요. 그럴 수밖에 없는 상황이에요."

레바논 요약 연대표

1516~1918년
오스만제국의 지배를 받음.

1920년
레바논과 시리아에서 프랑스 위임 통치 시작.

1943년
레바논의 독립 선언.

1958년
5월부터 10월까지 '레바논 위기'로 알려진 정치적 혼란과 무력 충돌 발생.

1975년
내전 발발.

1982년
이스라엘의 레바논 침공. 이란 혁명 수비대가 레바논에 헤즈볼라 정당을 세움.

1989년
1975년에 시작된 내전을 종식시키기 위해 타이프 평화 협정 체결.

2006년
7월 12일, '제2차 이스라엘-레바논 전쟁'이라 불리는 군사 충돌 시작. 이 전쟁은 34일 후에 종결됨.

2019년
왓츠앱에 대한 세금 징수로 인해 가을 혁명 발생.

2020년
레바논이 디폴트Default 상태가 됨. 8월 4일, 베이루트 항구에서 폭발 발생.

용어 해설

완충 국가 서로 적대적이거나 경쟁 구도를 이루는 두 강대국 사이에 위치한 국가를 말한다. 갈등 상태의 강대국 사이에서 전쟁을 피해야 하는 국가다.

주권 한 국가가 다른 국가의 도움 없이 독립적으로 통치할 수 있는 능력을 나타내는 표현.

내전 한 국가에서 동일한 민족에 속하는 사람들의 무리에서 발생한 무력 충돌.

콘페셔널리즘 정치 권력을 종교, 종파에 따라 배분하는 것.

디아스포라 '분산'을 뜻하는 그리스어에서 파생된 말로, 일부 민족이나 공동체에 속한 개인이 자신의 나라를 떠나 전 세계로 '분산'되는 현상을 가리킨다.

디폴트 정부나 기업이 빚을 갚을 수 없는 상태에 이른 것을 가리키는 말로, '채무불이행'이라고도 한다.

2 다시 돌아온 탈레반, 숨막히는 세상에서

아프가니스탄

카자흐스탄
키르기스스탄
우즈베키스탄
타지키스탄
투르크메니스탄
카불
아프가니스탄
이란
파키스탄
아라비아해

지도 속의
아프가니스탄

내게 아프가니스탄은 늦은 오후의 황토색으로 기억되는 곳이다. 계곡의 초록 느낌도 있다. 길을 걷다 마주치면 눈가에 주름을 만들며 미소 짓는 여자들의 눈동자도 떠오른다. 얼굴에서 드러나는 부분은 눈밖에 없으니 눈동자만 기억나는 게 당연하지만. 나를 그곳으로 이끄는 것이 바로 이런 것들이다. 광대한 땅과 역사, 이야깃거리, 그리고 모순으로 가득한 나라.

아프가니스탄은 높은 산과 건조한 사막의 나라로 서쪽의 이란 및 동쪽의 파키스탄을 비롯한 여러 나라와 인접한 중앙아시아 국가다. 국토의 20%만 농업에 사용되는데도 아프가니스탄 사람 중 상당수가 비옥한 계곡을 경작하고 가축을 돌보며 살아간다.

아프가니스탄의 여름은 덥고 건조한 반면 겨울은 매우 춥다. 특히 파키스탄과 타지키스탄 근처, 즉 아프가니스탄의 동부에 위치한 산맥인 힌두쿠시Hindu Kush의 추위가 혹독하다. 여행자들이 아프가니스탄 산길을 통해 아시아로 갈 수 있어 이곳은 2000년 넘게 중국과 인도, 유럽 사이를 잇는 실크로드의 일부였다.

아프가니스탄은 수많은 민족 집단이 모여 사는 곳이다. 그중 약 1500만 명은 파슈툰족Pushtun이고, 칸다하르Kandahar 남부 근교에 살고 있지만 '다리어Dari'를 사용하는 타지크인Tadjik과 튀르키예어와 비슷한 언어를 사용하는 우즈베크인Uzbek을 비롯해 다른 무리도 무수히 많다. 이 외 몽골인의 후손으로 판단되는 하자라Hazāra와 가축 떼를 이끌고 육지와 산간 지역의 목초지를 가로질러 이동하는 쿠치Kutch라는 유목민도 있다.

복잡하고 모순적이지만 매력적인 이 나라를 소개하자면 아프가니스탄의 수도인 카불Kabul에서 운 좋게 목격할 수 있었던 2021년 여름의 사건부터 들춰보는 것이 좋겠다.

당시 내가 거기 있었던 이유는 그해 8월이 나토NATO(북대서양조약기구North Atlantic Treaty Organization)의 임무가 공식적으로 종료되는 달이었기 때문이다. 나토는 냉전 시기 소련에 맞서 미국이 주도해 북미와 서유럽 국가를 중심으로 만들어진 군사동맹으로, 20년간 아프가니스탄에 군대를 주둔시켰다.

2001년 10월에 시작된 전쟁은 2021년 8월에서야 끝이 나고 있었다. 전쟁의 결과는 20년 전에는 아무도 예측할 수 없었지만 이 나라를 갈기갈기 찢어놓고 수천 명의 희생자를 낳았다. **탈레반***이 촌락과 지방을 정복하면서 전쟁이 종결되었고, 신속하게 카불에 진입해 권력을 장악하게 된다.

이러한 상황에 이르게 된 과정을 살펴보려면 2021년 8월 그곳

키워드

탈레반

'탈레반Taleban'이라는 용어는 아랍어 탈리브Talib에서 파생된 것으로 학생이라는 뜻을 지니고 있다. 탈레반(복수로는 탈리브Talib)은 마드라사Madrasa(이슬람 종교 학교)에서 공부한다.

실제로 탈레반 운동이 시작될 무렵에는 그 추종자들이 파슈툰족(아프가니스탄에 가장 많이 거주하는 부족) 중 이제 막 글을 뗀 젊은이들이었다. 파키스탄의 난민 수용소에서 태어나고 성장한 이들이 많아 자신의 나라와 역사에 대해 거의 알지 못했다. 이들 대부분이 평화로운 상태의 아프가니스탄에서 살아본 적이 없었다. 소련이 침공한 후에는 피난을 가야 했기 때문에 파키스탄에서 지냈다. 이들의 지도자가 물라 무함마드 오마르Mullah Muhammad Omar였다(2013년 사망).

에서 만난 친구 파힘의 이야기부터 시작해야 한다.

✦

2021년 8월, **종전**과 탈레반의 **귀환**

2021년 8월 파힘은 카르단 대학Kardan University에서 교수로 재직하고 있었다. 아프가니스탄 최고 인재를 양성하는 고등 교육기관으로 아주 유명하고 이 나라에서 중요한 대학교였다. 파힘은 이제 서른다섯 살밖에 되지 않았지만 국제관계부의 책임자였다. 그의 나이를 생각하면 상당히 중요한 직책이었다.

당시 아프가니스탄에서 민감한 목표물이 될 수 있다고 여겨지는 건물은 거의 요새화되어 있고 카르단 대학 건물도 그중 하나였다. 그래서 학교에 들어가려면 무장한 경비원들이 지키는 철책과 거대한 방탄 문을 지나 두 번의 금속탐지기를 거쳐야 했다. 파힘의 사무실 문도 방탄이었다.

우리가 처음 만난 2021년 8월 초에 파힘은 정치학과 제자들에게 낼 마지막 하계 시험을 처리하고 가을에 졸업하는 학생들의 논문을 수정하고 있었다. 그의 학생들이 계속 문을 두드렸고, 그는 "그 문단 요약하고 그 장은 정리하고 그 메모는 정확하게 집어

넣어." 등의 말을 했다. 그리고 "빨리 좀 부탁해. 다음 주까지 해야 돼. 우리는 앞날이 어떻게 될지 모른다고"라는 말을 덧붙였다.

내가 모르는 것은 파힘도 몰랐지만, 우리 둘 다 탈레반이 수도의 문 앞까지 왔다는 것은 알고 있었다. 탈레반은 이미 이 나라를 거의 손아귀에 넣은 상태였다. 그리고 이제 대학교 복도에서 숨 쉬는 자유마저 위협하려 하고 있었다. 여학생들은 남학생들과 함께 공부했다. **부르카**Burka를 하지 않은 얼굴로 미소를 지었다.

대체 무슨 일이 있었던 걸까? 탈레반은 어떻게 그 도시의 코앞까지 와 있었던 걸까? 한 걸음 뒤로 돌아가보자.

아프가니스탄 전쟁과, 나토 군대를 표적으로 삼고 수천 명의 민간인을 학살한 탈레반 공격이 수년째 이어진 후, 기존 전략을 변경한 미국은 2020년 2월 적들과 협상 테이블에 앉았다. 이때 체결된 협정이 탈레반과 미국 간의 도하 협정이다. 이 협정은 2001년에 아프가니스탄에서 시작된 무력 충돌의 종결을 확정하고 8월 말 이내에 아프가니스탄 영토에서 미군을 철수시키는 내용이었다.

그해 5월, 미군이 아프가니스탄에서 철수하는 동안 탈레반은 이 나라를 재정복하기 시작했다. 그리고 단 몇 개월 만에 카불의 문 앞까지 도착했고, 그들이 생각하는 주동자를 위협하고 처벌했으며, 지금도 자신들에게 반대하는 자들을 침략군이라 여기고

2021년 8월, 미국 공군 수송기로 탈출하는 아프가니스탄 사람들

ⓒ United States Air Force

있다.

내가 파힘을 만나기 바로 사흘 전에 무장한 한 무리의 사내들이 그의 집에 총을 난사했다. 파힘은 전 세계 언론과 수많은 인터뷰를 통해 도하 협정을 비난하면서 자신을 노출시켜 표적이 되었다. 그래서 2021년 8월의 상황이 심각해진 것이다. 파힘 사다트Fahim Sadat는 이 상황을 잘 알고 있었다.

그래서 파힘은 자신의 젊은 제자들이 가능한 한 빨리 졸업했으면 한 것이었다. 그는 교육이 아프가니스탄 사람들에게 자유를 안겨줄 핵심 수단이라는 것을 알고 있었다.

상황이 악화되면(실제로 그가 우려한 상황이 벌어지고 말았다) 제자들이 학위는 손에 쥐고 나라를 떠나야 한다고 생각했던 것이다.

파힘의 책상 앞 텔레비전은 아프가니스탄의 주요 방송인 〈톨로 뉴스〉를 내보내고 있었다. 뉴스 타이틀은 '군사 공격 시작 이래 30만 명이 집을 떠났다'였다. 실제로 도시 곳곳이 비어 있었다. 파힘의 집에도 쿤두즈Kunduz를 떠나 피난처를 찾아온 친척들이 15명이나 머물고 있었다.

미팅이 진행되는 동안, 텔레비전에서는 차례로 탈레반의 손에 도시가 넘어간다는 소식을 계속 전하고 있었다. 우리가 탈레반의 승리를 확인하는 동안, 파힘 사다트는 가을 학기 시험 등록부를 작성하고 있었다. 그의 얼굴은 언제까지 사무실에 있을지 모른다는 불안감으로 어두웠다.

"탈레반이 이 나라를 장악하게 되면 앞으로 20년 동안 무슨 일이 일어날까요?"

그가 혼잣말을 되뇌다가 물었다. 그가 던진 질문의 무게가 우리를 짓눌렀고, 어떤 대답을 해야 할지 몰랐다. 우리가 만나고 닷새 후, 아프가니스탄은 완전히 탈레반의 손아귀에 들어갔다.

20년간의 전쟁
2001~2021년

내가 파힘을 만난 것은 아프가니스탄에서 벌어지고 있는 상황을 파악하고, 그곳의 과거는 물론 미래의 지도까지 그려보는 데 도움을 받기 위해서였다. 파힘의 설명을 들어보자.

"어떤 면에서는 현재 상황이 예전과 다를 것 없어요. 1990년대의 전쟁은 신흥 단체였던 탈레반이 **무자헤딘*** 정부에 대항하는 것이었죠. 지금도 비슷한 상황이잖아요. 탈레반이 또다시 정부와 맞섰지만, 이제는 20년간의 게릴라 경력을 등에 업고 있어요. 탈레반은 아프가니스탄 정부와 서양 동맹국은 배우지 못한 군사 전략의 교훈을 익혔어요."

그의 말에는 2021년에 벌어지고 있는 일을 알려면 1990년대

키워드

무자헤딘

무자헤딘Mujahidin은 종교적인 관점에서는 지하드Jihād, 즉 이교도에 맞선 '성스러운 전쟁(성전)'에 나선 모든 투사를 가리킨다. 1979년 소련이 아프가니스탄을 침공한 뒤 아프가니스탄인들은 물론이고 사우디아라비아를 비롯해 이슬람권 전역에서 소련에 맞서 싸우겠다는 사람들이 몰려들었는데, 이들을 흔히 '무자헤딘'이라 통칭하기도 한다.

무자헤딘 단체는 10년 동안 미국과 사우디아라비아로부터 경제적 지원을 받아 자금을 조달하고 파키스탄을 통해 무기를 공급받았다. 이러한 맥락에서 이 단체는 **알카에다*** 테러 조직의 원핵을 만들었을 뿐 아니라, 물라 오마르와 같은 미래의 탈레반 지도자까지 양성한 것이다.

소련이 퇴각한 후, 다른 조직에 속한 무자헤딘이 자기들끼리 충돌하면서 내전이 발발했다. 결국 물라 오마르가 이끄는 탈레반이 승리를 거머쥐었다. 무자헤딘은 해외 국가로부터 재정적 지원을 받고, 아편과 무기를 밀수해 상당한 수익을 거뒀다.

에 탈레반이 처음으로 이 나라를 지배했던 때를 되돌아보고 파힘 같은 젊은 사람들이 돌아가고 싶어 하지 않는 스펙트럼이 무엇인지 이해해야 한다는 뜻이 담겨 있다. 그 스펙트럼은 최초의 이슬람 에미리트였다.

아프가니스탄 이슬람 에미리트는 1996년부터 2001년까지 탈레반이 처음으로 아프가니스탄을 지배하는 동안 사용한 명칭이다. 이때 탈레반은 1980년대 소련군을 축출하는 데 기여한 반군에게 권력을 집중시키고 나라를 통치했다. 이 단체는 1990년대 아프가니스탄 내전에서 부상했으며, **샤리아** Sharīah 법률을 엄격하게 해석해 정부를 이끌었다. 그렇게 전 세계 테러리스트를 불러 모으는 매우 폭력적이고 억압적이며 불안정한 나라를 만들었다.

최초의 이슬람 에미리트는 1996년, 탈레반이 카불에 상륙한 직후에 시작됐다. 그해 9월 말, 전사들이 모하마드 나지불라 Mohammad Najibullah 전 대통령을 고문 후 살해하고 그 시신을 길거리에 매달았다. 한 달 내에 탈레반은 '덕의 진흥과 악습 타파'라는 이름으로 알려진 기관을 통해 '도덕 경찰' 부대를 파견했다. 남자들은 수염을 기르고 여자들은 부르카를 입어야 했다. 여학교는 폐교됐다. 동행이 없는 여성들이 공공장소에 나오면 매를 맞을 수 있었다. 축구도 금지되었다. 종교적인 곡 외에는 음악 활동도 금지였다. 탈레반 정부는 반체제 인사와 규칙을 지키지 않는 자들을 모두 처벌하고, 카불의 가지 경기장을 포함한 공공장소에서 공개 처형했다.

2001년에 전쟁이 있었지만 파힘의 경고에 따르면 "서방(미국과 유럽을 중심으로 한 '자유주의' 국가들. 서유럽을 뜻하는 '서구'도 비슷한 뜻으로 쓰임_옮긴이)에서 자유의 적이 탈레반이라는 것을 알아낼 방법이 없어 교훈을 얻지 못했고, 그래서 지난 10년 동안 이 나라가 다시 그들의 손에 들어간 것"이다.

파힘이 전하고자 했고, 내가 몇 개월에 걸쳐 알게 된 것은 서양에서는 2021년 여름이 오기 전 적어도 8년 동안은 이 나라에 거의 관심을 가지지 않았다는 것이다.

파힘의 말에 의하면, 모든 것은 2001년 시작된 국제안보지원군ISAF 군사 임무가 2014년 '확고한 지원 임무Resolute Support Mission'로 바뀌었을 때 시작되었다. 군사 임무를 아프가니스탄 군대에 대한 병참 및 훈련 지원을 보장하는 임무로 변경한다는 결정에서 비롯된 것이다. 서방 군대는 전투를 중단했고 보안상의 이유로 기지를 폐쇄한 상태에서 군대를 훈련시키는 사이, 밖에서는 탈레반이 불안의 씨앗을 퍼뜨리고 있었다.

역설적인 것은 수년 동안 대중에게 안보를 보장할 수 있는 것은 탈레반밖에 없는 것처럼 보였던 것이다. 파힘은 미군 부대의 철수(사실상 주둔을 시작한 것은 2014년이고 2021년도에 철수했다)가 보안의 공백을 만들었고, 이것이 아프가니스탄 군대의 공백이 되었다고 말했다.

미국의 지원을 받은 아프가니스탄 정부의 당시 대통령 아슈라프 가니Ashraf Ghani는 부정부패를 일삼는 자로 군대의 신임을 얻지 못했다. 그래서 미국의 지원이 없어지자 조국의 군대를 버리고 탈영하는 병사들이 많았다. 덕분에 탈레반은 총을 쏠 필요도 없이 마을과 도시를 정복할 수 있었다.

그렇다면 전쟁은 어떻게 시작된 것일까? 그 시발점은 2001년 9월 11일 뉴욕 세계무역센터 테러였다. 그날 열아홉 명의 테러리스트가 승객들이 탑승한 비행기 네 대를 납치해 미국을 상징하는 건물을 향해 돌진했다. 두 대는 세계무역센터에 충돌했고, 한 대는 펜타곤(미 국방부 청사)의 한쪽 날개를 파괴했다. 마지막 한 대는 백악관 위로 떨어질 계획이었으나 승객들의 반란으로 펜실베이니아에 추락했다. 이날의 공격으로 약 3000명이 사망했다.

이 테러 공격대를 보낸 자는 **알카에다*** 테러 단체의 창시자인 **오사마 빈 라덴***이었다. 당시 취임 첫해였던 미국 대통령 조지 부시George W. Bush는 이 공격에 아주 강력하게 대응하기로 했다. 먼저 아프가니스탄에 연락을 취해 탈레반의 지도자인 물라 오마르에게 빈 라덴을 넘겨줄 것을 요청했지만, 탈레반 측에서는 증거를 먼저 확보하고 싶다는 답변을 보냈다. 미국은 증거를 제시하지 못했고, 물라 오마르는 빈 라덴을 넘겨주지 않았다.

키워드

알카에다와 오사마 빈 라덴

알카에다의 탄생은 압둘라 아잠Abdullah Azzam이라는 인물과 관련이 있다. 사우디아라비아에서 학생들을 가르치는 팔레스타인 출신 교수 아잠은 지하드의 개념을 연구했다. 아잠의 교리에 의하면, 지하드는 모든 무슬림의 의무다. 즉, 모든 신자는 반드시 믿지 않는 자들을 상대로 신성한 전쟁을 해야 하는 것이다. 아잠의 계획에 의하면, 아프가니스탄은 이슬람 영토 중 가장 먼저 정복해야 할 곳이고, 이후로 다른 나라도 정복해야 했다. 아잠은 파키스탄으로 옮겨 파키스탄은 물론 사우디아라비아와 CIA의 지원을 받아 청년들을 모집했다. 전 세계에서 온 약 3만5000명의 청년에게 다양한 훈련을 시켰는데, 문맹과 소외 계층뿐 아니라 영어와 IT를 아는 청소년도 있었다. 그중에는 사우디아라비아의 자금을 조정하고 스승인 아잠의 메시지를 진지하게 받아들인 오사마 빈 라덴Osama Bin Laden도 포함돼 있었다. 빈 라덴은 억압받는 무슬림을 보호하기 위해 처음으로 국제적인 군대를 만들기로 했다. 국제군이라고는 하지만 당시에는 인원이 열 명 정도밖에 되지 않았다.

1989년 아잠이 사망하자, 빈 라덴은 조직의 통제권을 장악하고 알카에다를 설립했다. 그의 의도는 아랍-아프가니스탄인들과 그 가족들을 위한 중심점을 만드는 것이었다.
알카에다는 현재 테러 집단의 공격 방식을 이용해 미국의 목표물을 공격하기 시작했다. 공격 날짜도 상징적인 숫자로 정했고, 여러 장소에서 동시다발적 공격을 감행했다. 이런 식으로 테러리스트들은 빈 라덴이 공격에 대해 변명하지 않아도 되는 인과관계를 만들었고, 사람들에게 더 큰 공포감을 조성하고 위기감을 증폭시켰다.
1998년 2월 23일 오사마 빈 라덴은 유대인과 십자군에 대한 지하드를 요구하는 세계 이슬람 전선의 설립을 선언했다. 이는 미국과 이스라엘을 비롯해 이들과 동맹을 맺은 모든 정권을 전멸시켜 범세계적인 이슬람 정부를 만들고자 한 것이었다. 2001년 9월 11일의 공격 이후, 2004년 3월 11일에는 마드리드, 2005년 7월 7일에는 런던을 공격하는 등 유럽에도 공격을 가했다. 오사마 빈 라덴은 2011년 미군 특수부대에 의해 사살됐으며 그 뒤를 이어 알카에다를 지휘한 아이만 알자와히리 Ayman Al-Zawahiri도 2022년 사망했다.

결국 부시 대통령은 아프가니스탄을 상대로 항구적 자유 Enduring Freedom 작전에 돌입하기로 했고, 서방 국가와 러시아 푸틴 정부를 비롯해 중국과 파키스탄, 사우디아라비아, 아랍에미리트 등의 지원을 얻었다.

뉴욕 세계무역센터 공격이 있고 한 달이 채 지나기도 전에 20년 전쟁이 시작됐다. 미국과 영국의 폭격이 아프가니스탄에 떨어진 것은 2001년 10월 7일이었다.

이 시기 파힘은 아직 소년이었고 쿤두즈에 살고 있었다. 파힘은 당시를 떠올리면 탈레반의 이슬람 에미리트가 출범할 때 전통 의상과 함께 입어야 했던 검은 터번이 가장 먼저 생각났다고 했다. 그다음으로는 도시에 쏟아지던 폭탄을 떠올렸다. 가족과 함께 시골로 피난을 갔던 것과 군용기를 보며 하루를 보내던 또래 아이들도 떠올렸다.

탈레반은 10월 7일의 공격에 어떻게 맞서기로 했을까? 세계에서 가장 많이 수배된 두 지도자인 오사마 빈 라덴과 물라 오마르가 서방 군부대의 포획에서 빠져나가는 사이, 너무 강한 적과 마주하게 된 탈레반은 퇴각을 결정했다. 그리고 이 선택이 옳았다. 이들이 퇴각한 것은 조직을 재편성해 또 다른 기회를 노리기 위해서였다.

반면 미국과 영국의 공격은 별 효과를 거두지 못했다. 기반 시설과 성지를 파괴하면서 시민들로 하여금 서방 국가가 적이라는 인식을 심어준 것이다. 탈레반은 여전히 유동적으로 움직이고 있다. 이들은 도주나 해체를 할 수 있고, 자국이 아닌 해외에서도 재조직될 수 있다. 어쨌든 2개월 만인 2001년 12월에 탈레반의 전제 정권은 문을 닫았다.

파힘은 이때의 모습을 생생하게 기억하고 있다. 아프가니스탄 사람들과 미군이 승리의 환호를 외쳤다고 한다. 드디어 어린이들이 터번을 벗고 청바지와 티셔츠를 입을 수 있게 됐다.

그러나 이 전쟁은 20년이나 지속됐다. 서구 열강은 이 나라를 또다시 오해하는 실수를 범했다. 이 책의 초반에 말한 것처럼 이 나라에는 수많은 부족과 민족이 있다. 서구 열강들은 이 점을 고려하지 않았고, 통합된 아프가니스탄의 정체성을 탄생시킬 수 있는 조직이나 기관을 만들지도 못했다.

게다가 미국을 비롯한 서방 국가는 아프가니스탄의 경제적, 사회적 문제를 해결하지 못했다. 아프가니스탄 정부는 국민에게 기본적인 서비스도 제공하지 않았다(물과 전기, 통신과 같은 서비스는 카불의 엘리트 계층에게만 허용되었고, 나머지 국민은 이용할 수 없었다).

그사이 시간이 흘렀고, 파힘도 공부를 하고 학위를 취득했다. 자유롭고 민주적이기를 바라는, 서구화된 새로운 아프가니스탄의 완벽한 산물이었던 것이다.

그러나 탈레반은 미국과 서방 연합군에게 단 한 번도 패한 적이 없었다. 아프가니스탄 사람들은 이러한 상황을 잘 알고 있었다.

"아프가니스탄 사람 중에서 미국인이 여기 머물기를 바라는 사람은 아무도 없어요."

파힘은 말했다.

"우리는 이 나라를 손에 넣어야 하며, 우리 자신의 힘으로 해야 한다는 것을 알고 있었어요. 하지만 서방 군대의 철수 방법과 시기가 문제가 됐죠. 무조건적인 철수였고, 아프가니스탄에 심각한 피해를 초래할 위험이 있는 최악의 결정이었죠."

2020년 미국에서 탈레반과 협상을 시작했을 때 파힘은 회의적이었지만 조용히 지켜보았다. 아프가니스탄 사람 중에는 이 회담에 안도감을 느끼는 경우가 많았다. 사실상 탈레반은 존재하고 있었고, 권력을 공유하려면 그들과의 타협점을 찾아야 하는 것이 사실이었기 때문이다.

그러나 미국은 공식적인 카불 정부는 제쳐둔 채 탈레반과 도하 협정을 체결했고, 이로 인해 카불 정부는 더 약화될 수밖에 없었다. 시민들은 왜 정부가 협정에 가담하지 않았는지 의아해했고, 사실상 20년을 끌어온 전쟁은 탈레반이 승리를 거머쥐었다고 생각했다.

✦

"당신이 **카불**에서 만난 사람은
대학교수지만, 지금 이야기를 나누는 사람은
그저 **미친한 자**일 뿐이에요."

탈레반이 카불을 재정복했을 때, 파힘 사다트는 체포될 것이 두려워 집 안에 틀어박혀 있었다. 탈출구를 찾으려고 공항까지 간 것은 열흘이나 지난 후였다.

그의 이름은 독일 비정부 기구NGO의 명단에 올라 있었고, 베를린에서 도착한 여행 비자를 포함한 서류도 준비돼 있었다. 도로에서 공항까지 이어진 탈레반의 검문을 통과하는 데만 며칠이 걸렸고, 이틀 낮과 이틀 밤 내내 50명의 다른 승객과 함께 버스를 타고 이동해 드디어 아프가니스탄을 빠져나오는 데 성공했다.

파힘이 탄 군용기는 사우디아라비아의 리야드Riyadh에 착륙했고, 그곳에서 이틀 동안 텐트에서 기다렸다가 다시 비행기를 타고 스페인으로 이동했다. 그리고 마지막으로 이동해 독일에 도착했다.

나와 처음 연락이 닿았을 때 그는 이미 유럽에 와 있었는데, 그때 말했다.

"당신이 카불에서 만난 사람은 대학교수였지만, 지금 대화를 나누는 사람은 그저 미천한 자일 뿐이에요. 전 이제 독일에서 구걸하는 아프가니스탄 난민이에요."

현재 파힘 사다트는 난민이다.

"우리가 처음 만났을 때 제 우선순위는 제자들의 시험이었어요. 지금은 제 몸에 맞는 바지와 신발 한 켤레가 더 귀해요. 이제 제게는 그런 것이 없거든요. 예전의 저는 선생이었는데, 지금은 제가 누군지도 모르겠어요."

이제 그가 아는 것은 아프가니스탄에서든 유럽에서든 가르침이 자신의 소명이라는 것뿐이다. 탈출 후 파힘은 전쟁이 계속되던 그 숱한 날과 조국을 바꾸기 위해 애썼던 노력을 떠올렸다.

"잘못된 것이 너무 많았어요. 아프가니스탄에 아직도 가난하게 사는 사람이 2400만 명이나 되고 300만 명의 어린이가 영양실조이고 전례 없는 인도주의적 비상사태라면, 그 20년간의 전쟁은 왜 했던 걸까요?"

파힘은 아프가니스탄의 보장된 자유와 민주적 미래를 믿었다. 그런데 지금은 모든 것이 사라진 듯하다.

"아프가니스탄은 절름발이 나라이고 저도 마찬가지예요. 탈레반이 카불에 들어왔을 때부터 사다트 교수라는 존재는 사라져버렸어요. 이제는 파힘이라는 난민일 뿐이고, 제 앞에는 거대한 물음표만 남았어요."

6개월 후,
여학교가 **없는** 나라

탈레반이 권력을 장악하고 정확히 6개월이 지난 후인 2022년

1월, 아프가니스탄이 어떻게 달라졌는지 보기 위해 다시 그곳을 찾았다.

2021년 8월 16일 이탈리아군의 첫 번째 철수 여객기를 타고 그 나라를 떠날 때는 벽에 광고가 붙어 있고 중고등학교와 대학교는 물론, 그들의 국가를 대표하는 의회에도 여성이 있었다. 지금은 어떨까?

내가 다시 찾은 아프가니스탄에는 일단 음악이 없었다. 탈레반이 금지하는 것 중 하나였기 때문이다. 그리고 광고와 선전문에서 여성이 사라졌다. 아프가니스탄 깃발은 이슬람 에미리트 깃발로 바뀌어 있었다. 무엇보다 학교 문이 닫혀 있었다. 여학교들의 문이.

내가 야쿱을 만난 날 카불의 날씨는 얼음장 같았다. 밤이 하얀 도시를 뒤덮자 차들이 얼음을 피해 다니느라 애를 먹고, 길가에는 눈더미가 쌓여 있었다. 약속 장소는 어느 주유소였고, 점심 식사를 마치고 바로 만나기로 했다.

"거기서 봐요."

야쿱은 내게 그렇게 말했다.

"저희 쪽 이동 수단으로 오셔야 하거든요. 당신과 일하는 운전사와 통역사는 저희와 동행할 수 없어요. 저희 안전에 위험이 될 수 있거든요."

6개월 전까지 야쿱은 유럽 인도주의 단체에서 일했다. 도시에서 멀리 떨어진 지방의 교육 프로젝트에 사용할 자금을 관리했다. 국제적인 자금을 운용하는 일이다 보니 그의 이름은 정부에 보관된 문서의 모든 명단에 올라 있었다.

탈레반이 권력을 잡았을 때, 야쿱에게는 아프가니스탄을 떠날 것인지 머물 것인지를 결정하는 데 열흘의 시간이 주어졌다. 그러나 그는 주저하지 않았다. 탈레반이 다시 권력을 잡았으니 그곳에 남아 이슬람 에미리트 법률하에서 살아야 하는 자들을 지원하는 역할을 해야 하기 때문이었다.

"저는 남자잖아요."

그는 자신의 결정을 이렇게 정당화했다.

"탈레반이 1990년대와 똑같은 모습을 보인다 해도, 저는 여성보다 중재의 방법을 찾기도 쉽고 내 나라 사람들을 위한 일을 하기가 훨씬 더 쉬울 거예요."

여성이나 그의 열한 살짜리 딸과 같은 어린아이들에게는 여전히 이곳이 '그들이 살아가고 자라야 할 곳'이었다. 그는 이 의견을 아내에게도 말했지만, 아내는 부르카를 착용하는 것도, 가난도 질린다며 떠나야 한다고 말했다. 그의 아내는 모든 것을 25년 전에 이미 경험했기 때문에 예상할 수 있었던 것이다. 그녀는 어린 시절 공부를 못 하게 하고 집 밖으로 나가지도 못하게 했던 일을 기억하고 있었다. 그런데 야쿱의 아내가 예상하지 못한 것이 있었다. 이제 학교에 다니지 못하고 집에만 있어야 하는 어린 딸의 말이었다. 어느 저녁, 어린 딸이 잠자리에 들기 전에 엄마에게 물었다.

"저를 그 사람 중 누군가와 결혼시킬 거예요?"

6개월 후부터 야쿱은 잠을 이루지 못했다. 더 이상 공부를 할 수 없게 된 자신의 딸과 같은 여자아이들을 어떻게 도와야 할지 고민인 것이다.

야쿱은 친절하고 조심스러웠다. 그와 차에서 대화를 나누었으나 그는 한순간도 백미러에서 눈을 떼지 않았다. 누가 따라붙지 않았는지 확인하는 것이었다. 30분 후, 안전을 위해 수없이 우회해 이동한 끝에 주차하고 말했다.

"이제 좀 걸어야 해요."

우리는 조용히 눈밭을 걸었고 어느 철문 앞에 도착했다. 한 남자가 재빨리 우리를 안으로 들여보내고 다시 문을 잠갔다. 열쇠를 두 번이나 돌려야 하는 자물쇠가 두 개 달린 문이었다. 내가 맨 처음 본 것은 문 밖에 한 줄로 쌓인 여자 신발이었다. 그 집이 소녀들을 위한 비밀 학교가 되었다는 사실이 그의 용기를 드러내는 첫 번째 신호였다.

아프가니스탄 카불에 진입한 탈레반

실제로 탈레반은 다시 정권을 잡고 1990년대의 억압적인 법률을 부활시켰다. 이 법률에서 어린 소녀는 6학년 이상의 학교 수업을 받을 수 없고 여성은 직업을 갖지도 못하며 가족 중 남성과 동반하지 않고 집 밖으로 나가는 것도 금지했다. 탈레반은 전통주의 관점을 사회에 일치시켜 남성만으로 이루어진 정부를 구성하고 소녀가 학교에 다니는 것을 금지했으며, 여성부를 해산시키고 미덕 진흥 및 악습 방지 부처를 복구시켰다.

"어느 공무원이 비밀 학교의 존재를 알아내면 저와 저 소녀들은 체포될 거예요."

야쿱은 말했다.

정원을 향한 창문 너머에서 교실에 서 있는 여성이 말하는 소리가 들렸다. 산소와 수소, 결합과 입자에 대해 설명하고 있었다. 교사 아미나Amina의 목소리였다. 아까 우리에게 철문을 열어준 남자는 아미나의 남편이었다. 우리가 있던 방은 딸이 침실로 사용하던 방이었는데, 지금은 아미나가 화학을 가르치는 교실이 되었다. 아미나는 2021년 8월까지 다른 학교에서 화학 교사로 재직했다. 탈레반의 새로운 규칙으로 아미나는 일을 할 수 없었고, 그녀의 제자들은 미래를 꿈꿀 수 없게 되었다.

탈레반이 권력을 잡고 6개월이 지난 후에 내가 본 이 나라는 매우 가난해진 상태였다. 이미 곳곳에 경제 위기가 닥쳐왔다. 집을 데울 장작이나 난로를 켤 가스도 없어 아미나 앞에 앉은 열세 명의 소녀들이 외투로 꽁꽁 싸맨 채 온기를 나누기 위해 서로 바싹 붙어 필기하고 있었다.

새로운 탈레반 정부의 문을 두드렸으나 아무 성과를 얻지 못하자, 야쿱은 25년 전과 완전히 똑같은 방식으로 통치하고 있다는 것을 깨달았다. 야쿱은 지금도 그때처럼 사람들이 비밀 교실을 열 수 있도록 돕고 있다. 아미나의 집에서는 매주 세 번, 수학, 영어, 화학 수업이 진행됐다.

"우리가 위험에 처한다 해도, 감수해야 하는 위험이죠."

위험할 가능성과 위험, 이 두 단어는 교육과는 거리가 멀어야 하는 개념이다. 그런데 일주일에 세 번 아버지나 남자 형제들과 함께 집 밖으로 나와 아미나의 집까지 도착해 하나둘씩 숨어 들어가는 이 용감한 소녀들의 인생을 이야기해주는 말은 그런 것뿐이다. 소녀들이 공부할 수 있는 것은 아무도 서로를 의심하지 않고, 아무도 발설하지 않으며, 아무도 탈레반에게 고발하지 않을 때까지만이다.

언젠가 다시 자유로워질 거라는 희망을 품은 아프가니스탄의 미래는 그 소녀들과 그들의 가족들이다.

수업이 끝나자 아미나는 학생들이 보는 앞에서 내게 무엇인가를 말하고 싶어 했다. 학생 대부분이 불면증과 우울증에 시달리고 있어 용기를 주고 싶었기 때문이다.

"우리 자신을 발전시키려고 노력하는 것보다 더 우리 종교와 깊은 관계가 있는 행동은 없어요. 그리고 교육을 받는 것은 우리를 발전시키는 가장 고귀한 방법입니다. 이것은 당연한 **권리***일 뿐 아니라 의무이기도 합니다, 나의 소녀들이여."

학생들은 고개를 끄덕였고, 필기한 종이를 접어 아무도 눈치채지 못할 정도로 조심스럽게 주머니 깊숙이 감춰 넣은 후 밖으로 나갔다.

야쿱은 여전히 아프가니스탄에서 비밀 학교를 후원하기 위해 목숨을 걸고 자금을 모으고 있다. 이것은 다른 소녀들과 함께 비밀 학교에 다니는 딸을 위한 노력이기도 하다. 아미나는 집을 내어주고 소녀들을 가르치면서 위험을 무릅쓰고 있다. 소녀들과 그들의 가족도 위험을 무릅쓰고 있다. 그런데 다들 이 위험보다 무지라는 벌이 훨씬 더 가혹하기에 충분히 감수할 가치가 있다고 입을 모은다.

키워드

아프가니스탄 여성들의 권리

아프가니스탄 여성들의 권리를 위한 투쟁은 탈레반이 집권한 1990년대보다 훨씬 더 오래전인 19세기로 거슬러 올라간다. 이 나라는 전통적으로 여성의 겸손과 순결을 중요한 사회 인식으로 여겼다. 그래서 수많은 아프가니스탄 사람, 심지어 탈레반에 반대하는 사람도 서구적 관습이 아프가니스탄 사회에 공격적이고 위험한 경향이 있다고 생각한다.

19세기 말에는 거대한 개혁의 시기가 있었다. 여성에게 이혼할 권리와 재산을 소유할 가능성이 부여되었고 결혼 가능 법정 연령이 제기되었다.

20세기 초에는 여학교 덕분에 교육이 장려되었고, 이후 한 세기 동안 여성의 지위가 한층 더 개선되었다. 모두를 위한(남성과 여성 모두) 권리를 보장하려 노력하는 새로운 헌법이 고안되고, 전통 의상에 대한 법규를 법에서 제외시켰다. 농촌 지역에 여학생과 남학생을 위한 학교를 열었고, 강제 결혼이 금지되었으며, 일부다처제도 저지됐다. 소라야Soraya 왕비는 남녀평등을 지지하는《여성을 위한 지침서Ershad-I-Niswan》라는 책을 썼다.

그러나 모든 사람이 개혁에 만족한 것은 아니다. 아주 전통적인 사회에서는 혹독한 반대 의사를 표명했다. 여학교는 문을 닫았고, 여성은 다시 베일을 써야 했으며, 개혁은 원점으로 돌아갔다. 1970년대 또 한번 개방의 시기가 찾아왔다. 여학교가 다시 세워지고 새로운 대학에 자금이 지원되었으며, 아프가니스탄 여성에게 투표권을 부여하는 새로운 헌법이 제정되었다. 도시 지역에서는 여성이 대학에 다니고 집 밖에서 일을 하고 상업 활동을 운영하고, 심지어 정치에도 참여했다. 카불이 이른바 코스모폴리탄 도시가 된 것이었다.

이 모든 상태가 1970년대까지 이어졌다. 소련의 침공과 그 여파로 이어진 10년간의 게릴라전, 그리고 아프가니스탄 사회를 추락시킨 내전으로 모든 발전이 멈췄다. 특히 여성에게는 긴 시련이 시작되었다.

이처럼 혼란스럽고 절망적인 상황이 이어진 가운데, 1990년대에 탈레반은 부패와의 전쟁과 안정화를 약속하며 자신들의 존재감과 권위를 확장하는 데 성공한다. 탈레반은 파슈툰족의 전통적인 사회 규범인 파슈툰왈리Pashtunwali에서 파생된 개념을 바탕으로 이슬람 법률의 엄격한 해석을 강요했다. 여성에게 부르카 착용을 강요하고 6학년 이상은 학교에 다니지 못하게 했으며, 공적 활동에 참여하는 것도 금지했다.

2001년 탈레반이 패전한 이후 몇 년 동안 여성들은 교육의 기회를 얻었고 직업의 세계로 돌아왔으며 일부 여성은 정부에서 정치적인 활동을 펼쳐 아프가니스탄의 대의회인 로야 지르가Loya Jirga의 대표로 선출되기도 했다.
하지만 2021년 여름, 탈레반이 아프가니스탄의 통제권을 다시 잡으며 모든 것이 사라졌다.

✦ 또 다른 학교, 마드라사

아프가니스탄 여행에서 소녀와 여성의 상황만 보려고 한 것은 아니었다. 탈레반에게 영향을 끼친 것은 무엇인지, 쿠란 학교나 마드라사 학교 등 그들의 학교에서는 어떤 가르침을 전달했는지도 알고 싶었다.

비록 내가 여자이기는 하지만 그 학교 중 한 곳에 입학하게 해 달라고 요청하기로 했다. 긴 협상 끝에 허락을 받아냈고, 어느 아침 카불 지방에 있는 카불 모하마디아Mohammadia의 알자미아 알 이슬라미야 학교Madrasa Al-Jami'a Al-Islamiya에 방문했다.

학교 안으로 들어가 운영자인 무프티 하야툴라 마수루르에게 아침 수업으로 공부할 교과를 선택하게 해달라고 요청했다. 그러자 그가 책이 가지런히 꽂혀 있는 선반으로 가 큰 목소리로 이런 문장을 읽었다.

"나는 알라의 전령이 말하는 것을 들었다. 죽음을 맞이하는 모든 여성은 신이 그의 품행에 만족하셨다면 천국에 갈 것이다."

그 운영자 앞에는 스무 명 정도의 학생이 있었다. 가장 어린아이는 그의 아들로 여섯 살이었고, 나머지는 모두 10대였다. 소년들은 터번을 두른 머리를 숙이고 두 손은 무릎 위에 가지런히 포개고 그의 말을 들었다.

학교 건물은 아직 공사 중이었다. 유리를 끼우지 않은 창문이 많았고 난로가 있는 교실도 몇 개 되지 않았다. 그런데도 150명의 남학생이 쿠란 경전을 외우고, 보통 2년은 걸리는 이슬람 연구와 법학 전문 과정을 공부하기 위해 학교에서 살고 있었다. 무프티 선생의 말에 의하면 지금은 150명이지만 2년 안에 1500명이 될 것이라고 했다.

이 학교 학생들은 하루 24시간 내내 정해진 프로그램을 따르며 학교라는 담 안에 갇혀 살고 있다. 새벽부터 정오까지 수업을 듣고 난 후 기도 시간을 갖고, 저녁이 될 때까지 다시 교과서 공부를 한다. 그러고 나서 두 시간의 휴식을 취하고 쿠란 경전 외우기를 한 번 더 하고 23시까지 글쓰기를 한다.

"순수한 이슬람교의 순수한 교육이죠."

무프티는 이 말을 수차례 반복했다.

"청년들을 교육해야 이슬람교의 가르침에 따라 울라마의 감독 아래서 아프가니스탄 시민을 통제할 수 있어요."

마드라사는 오랫동안 아프가니스탄 국민 중 가장 취약한 계층이 자식들을 교육시킬 수 있는 유일한 방법이었다. 이 학교에서는 아이들을 수용해 보호해주고 먹여주고 입혀주었다. 마드라사에서는 그 누구도 수업료나 숙식비를 내지 않는다. 지난여름 어깨에 총을 메고 카불에 진입해 탈레반의 승리를 선언하던 젊은이 대부분이 성장한 곳이 바로 이런 교실이다.

이것에 힘입어 탈레반은 권좌에 오른 후부터 젊은이를 올바르게 가르치는 것은 쿠란의 가르침뿐이며, 서구 교육 제도는 부패했고, 어떤 경우라도 여자아이가 6학년 이상의 학교 교육을 받는 것은 금지되어야 한다고 강조했다. 현재 이슬람 마드라사에서는 영어나 수학은 전혀 공부하지 않는다.

"언젠가 그런 과목이 저희 교육 과정에 포함될 수도 있죠. 하지만 아직 일러요. 저희에게는 쿠란이 우선이고, 그다음에 시간이 있으면 다른 학문을 공부하죠."

내가 마드라사 학교의 수강 허가를 받은 날 아침, 무프티는 문법을 가르치면서 여성에 관한 내용을 읽었다. 내가 그 많은 내용 중에서 하필 그 내용을 선택했는지 묻자 그가 대답했다.

"여성이 교육을 받을 수 있다는 것을 보여주려고 그랬어요. 하지만 이슬람 샤리아에 적합한 경우에만, 즉 샤리아에서 필요로 하는지를 기준으로 하면 가능하죠."

이게 무슨 말일까? 무프티의 말에 따르면, 아프가니스탄에서 여성은 아버지에 이어 남편의 보호를 받고, 말년에는 자식의 보살핌을 받기 때문에 학교에 갈 필요가 없다고 한다. 그의 의견에 의하면, 이는 여성은 일을 할 필요가 없고, 경제적인 문제를 걱정할 필요도 없다는 증거였다. 그래서 여성에게는 학교가 필요치 않은 것이다.

그가 말하자 학생들이 고개를 끄덕여 동조하면서 계속 쿠란 경전을 외우며 공부했다.

이때 아미나의 말이 떠올랐다.

"우리 자신을 발전시키려고 노력하는 것보다 더 우리 종교와 깊은 관계가 있는 행동은 없어요. 그리고 교육을 받는 것은 우리를 발전시키는 가장 고귀한 방법입니다. 이것은 당연한 권리일 뿐 아니라 의무이기도 합니다, 나의 소녀들이여."

아프가니스탄 요약 연대표

1964년
아프가니스탄에서 헌법이 공포됨.

1979년 9월 13일
소련이 아프가니스탄 침공. 무자헤딘의 저항 시작.

1992년
정권을 둘러싼 저항 단체 간의 내전 발발. 알카에다에서 미국 목표물을 향한 공격을 감행.

1994년
물라 오마르가 이끄는 탈레반이 탄생. 탈레반이 파키스탄 비밀 조직의 지원을 받아 2년 만에 권력을 장악.

1996년
물라 오마르가 알카에다의 지도자 오사마 빈 라덴을 아프가니스탄에 받아들임.

2001년 9월 11일
알카에다가 뉴욕 세계무역센터 공격.

2001년 10월 7일
미국 부시 대통령이 '항구적 자유' 작전을 시작. 미국이 지휘하는 연합군이 아프가니스탄을 침공.

2001년 12월
탈레반 정부가 무너졌으나 탈레반 운동은 패배하지 않음. 철수했다가 몇 년 후 공격을 위해 재조직.

2004~2005년
유럽에서 알카에다 테러 공격 발생.

2020년
7월부터 서방군이 철수하고 탈레반이 아프가니스탄을 다시 정복.

2021년
카불이 함락되고 탈레반의 공세로 정권을 다시 잡음.

용어 해설

부르카　이슬람 여성의 머리카락을 가리는 머리 쓰개들을 통칭해 '히잡'이라고 부른다. 그중 부르카는 전신을 덮는 의상으로, 눈 부분에만 망사를 붙여 밖을 볼 수 있게 한 것을 말한다.

게릴라　개방된 전장에서 양측 군대가 직접적으로 격돌하는 것이 아니라 소규모 군사 단체가 신속하게 이동해 몰래 적을 공격하는 전투 방식이다. 일반적으로 해당 지역 주민의 도움을 받는 경우가 많다.

샤리아　아랍어로 '물을 향해 뚜렷하게 잘 다져진 길'이라는 뜻으로 모든 무슬림이 지켜야 하는 생활 규범이다. 무슬림이 신의 뜻에 따라 삶을 이끌어가는 방법을 깨닫는 데 도움을 줄 목적으로 만들어졌다. 쿠란, 즉 예언자 무함마드의 행동과 말씀을 담은 이슬람 경전인 순나와 하디스Hadith에서 나온 이슬람 율법 체계다.

3 전쟁 중인 나라에서 잠을 깬다는 것

우크라이나

갑작스러운 **우크라이나**행

2022년 1월 나는 아프가니스탄에 머물면서 탈레반 측에서 정권을 잡은 뒤, 단 6개월 만에 이 나라가 어떻게 되었는지 설명하려 했다. 장작도 없고 돈이 없어 연료를 사지도 못하고 난로도 못 켠 채 추위에 떠는 사람들이 사는 너무나도 가난한 카불 지역에 대해 이야기했다. 영양실조 상태의 어린이를 수용해 치료하는 병원과 센터를 방문하려고 칸다하르Kandahar로 이동해 의사와 간호사, 그리고 아이들의 부모를 만났다. 그 후 로마의 집으로 돌아와, 언제나 그렇듯 다급하게 글을 쓰고, 촬영해온 영상들을 다시 보면서 보고서를 작성했다.

그 와중에 우크라이나의 운명은 빠르게 변하고 있었다. 러시아는 국경으로 군부대를 이동시켰고, 그 수가 얼마나 많았는지 1월 말에(정확히 내가 카불에서 돌아오고 있을 때) 우크라이나와의 국경선에 집결한 러시아 군인의 수가 10만 명이 넘었다. 나는 아프가니스탄에서 귀국하는 비행기 안에서 나토 사무총장 옌스 스톨텐베르그Jens Stoltenberg가 발표한 성명을 읽었다.

"지속적인 군부대의 집결로 **제2차 세계대전** 이후 가장 거대한 규모의 군부대가 유럽에 집적되어 있으며, 이들은 중무장한 부대다. 이 부대는 크림반도 남부에서 동쪽 방향뿐 아니라, 돈바스Donbass에도 있고, 당연히 러시아 북부에도 있다. 군부대의 집결 속도가 지연되고 있다는 조짐은 전혀 없으며, 사실상 매일 계속 증가하고 있다."

뉴스를 읽으면서 정말 궁금했다. 앞으로 어떻게 될까?

두 나라는 2014년부터 이제 거의 만성이 되어버린 전쟁을 치르고 있었다. 분석가 대부분이 블라디미르 푸틴Vladimir Putin 러시아 대통령이 실제로 우크라이나를 침략하는 일은 없으리라 생각했고, 바실리 네벤자Vasily Nebenzya 유엔 주재 러시아 대사는 1월에 우크라이나 침략 가능성을 배제했다. 그러나 우크라이나의 유엔 대사 세르지 키슬리츠야Sergiy Kyslytsya는 당연한 의문을 제기했다.

"그럼, 이 모든 군부대가 왜 국경에 있는 것인가?"

나를 비롯한 기자들은 시간을 두고 기다리며 러시아 측의 공식 성명이 사실인지 파악해보려 했다. 그러던 어느 날, 마지막 아프가니스탄에 대한 글을 쓰고 있던 나는 떠날 때가 왔다는 느낌이 들었다. 우크라이나의 상황이 악화되고 있었다.

당장 짐을 싸서 키이우Kyiv행 표를 끊었다. 언제나처럼 우리는 다시 이곳에서 출발한다. 지리학으로 역사를 이해하기 위해.

지도 속의 우크라이나

우크라이나는 동유럽에 위치하고 면적은 60만 제곱미터(세계 44위, 한국의 여섯 배_옮긴이)나 된다. 반면 인구는 3700만 명으로 면적에 비해 적은 편이다. 우크라이나 동쪽으로는 러시아, 북쪽으로는 벨라루스, 서쪽으로는 폴란드와 헝가리, 슬로바키아, 남서쪽으로는 루마니아, 몰도바 등 여러 국가와 국경을 접하고 있고 수도는 키이우다. 공식적인 언어는 우크라이나어지만 러시아어가 널리 쓰이고, 특히 러시아와 접해 있는 동부 지역의 경우 우크라이나 문법과 발음이 러시아어 단어와 혼합된 방언인 수르지크어Surzhyk를 사용하는 사람들이 많다.

우크라이나는 유럽 최빈국 중 하나다. 여기서 알아야 할 것은

핀란드
에스토니아
러시아
라트비아
리투아니아
벨라루스
키이우
폴란드
우크라이나
슬로바키아
몰도바
아조프 해
헝가리
크림반도
루마니아
흑해

수 세기 동안 이 지역에서 수많은 분쟁이 있었고, 19세기에는 오스트리아 제국과 러시아 제국으로 분할되었다는 점이다. 환경이 이렇다 보니 우크라이나에서 내부 분열이 생기지 않을 수 없었다. 우크라이나 가장 서쪽에 위치한 지역은 오스트리아의 통제를 받다가 오스트리아-헝가리의 통치로 넘어갔고 유럽과 매우 밀접한 관계에 있었다. 한편, 그 반대편인 동부 지역은 제정러시아 제국과 긴밀한 관계에 있었다.

1917년 **러시아 혁명**으로 차르 정권이 막을 내렸고, 우크라이나에서는 내전이 잇달아 발생했다. 오스트리아-헝가리 영토 내의 서우크라이나 인민공화국과 하르키우Kharkiv를 수도로 한 우크라이나 소비에트 사회주의 공화국이 건국을 선포했다. 이러한 불안정한 균형은 1922년 우크라이나가 소련에 합병되었을 때 산산조각이 났고, 이 합병은 1991년 **소련**이 해체될 때까지 지속됐다.

1991년 이후에 벌어진 일을 정리해볼 필요가 있다. 왜냐하면 그해에 소련의 해체가 있었고, 이 해체의 트라우마를 분석하지 못해 전쟁의 씨앗이 만들어졌기 때문이다.

1991년 이후의 우크라이나

1991년 12월 1일 우크라이나는 소비에트 사회주의 공화국 연맹USSR에 속했던 여러 국가가 독립 선언을 하자 그 파도에 올라타 소련에서 분리하는 절차를 시작했다. 다른 나라처럼 우크라이나에서도 국민투표가 실시됐다. 이때 유권자의 90% 이상이 독립에 찬성한다는 의사를 밝혔다.

1991년부터 2004년까지 여러 명의 총리가 거쳐갔고, 우크라이나는 수십 년 동안 소련의 지배를 받은 나라의 특징인 경제 체제의 변화로 말미암은 위기를 직면해야 했다. 그래서 러시아를 동맹국으로 보던 사람들과 유럽을 더 가깝게 느끼던 사람들 간의 내부 균열이 생기기 시작했다.

2004년에는 '오렌지 혁명', 즉 러시아와 가까운 후보자인 빅토르 야누코비치Viktor Yanukovych의 승리에 반발하는 시민들이 광장에서 시위를 일으켰다. 야누코비치의 반대자인 빅토르 유셴코Viktor Yushchenko는 부정 선거를 고발하고 거리에서 항의하던 지지자들의 지원을 받았다. 우크라이나 대법원은 기존 투표 결과를 무효화하고 새로운 선거를 소집하기로 했다. 다시 치른 선거 결과는 유센코의 승리였고, 이후 2010년까지 우크라이나 대통령을 지내면서 친서구 정책을 추진했고 유럽과 가까워지려 했다.

2008년, 나토 회원국들은 나토 가입을 희망해온 우크라이나의 의사를 환영한다고 발표했다. 그러나 이러한 친유럽 과정은 2010년 빅토르 야누코비치가 우크라이나 대통령으로 선출되면서 중단됐다. 그의 친러시아 정부는 2013년 11월, 유로마이단 Euromaidan 혁명이 시작되며 벽에 부딪힌다. 결국 야누코비치 대통령이 수도 키이우에서 도망치고 새로운 대통령이 임명되면서 친러시아 정책도 종결됐다. 이후 친러시아 운동과 연계한 몇 번의 시위가 발생했고, 2014년 4월에는 돈바스 지역(우크라이나 동부에 위치)이 러시아의 지원을 받은 친러시아 반란군에게 점령됐다. 이러한 지원 덕분에 반란군은 도네츠크 Donetsk와 루간스크 Lugansk와 같은 분리주의 공화국이 만들어진 일부 지방을 장악했다. 이 공화국들은 러시아 푸틴의 지원을 받아 탄생했지만 우크라이나 측에서는 인정하지 않았다.

러시아는 흑해와 만나는 우크라이나 남부 반도인 크림반도에도 개입했다. 이 지역은 소련 시절 공산당 서기 중 한 명인 니키타 흐루쇼프 Nikita Khrushchyov의 결정으로 우크라이나 영토가 됐다. 1991년 소련 해체 당시 국제법에 의해 크림반도는 우크라이나에 속하게 되었고, 우크라이나 정부는 크림반도의 특수성을 인정하여, 자치권을 부여한다. 우크라이나와 러시아는 1994년의 '부다페스트 안전보장각서'와 1997년 '우호친선조약'을 통해 크림반도가 우크라이나 영토임을 확인한 바 있다. 하지만 러시아는 2014년 2월 우크라이나에서 친러 정권이 무너지자 크림반도를 무력병합할 의지를 보이기 시작했고, 2월 말, 무장병력을 침투시켰다.

특별한 표식이 없어 '작은 녹색 사람들'이라 불린 이 러시아군은 크림반도의 통제권을 장악하고 지역 정부를 무너뜨렸으며, 친러시아 지도자를 권좌에 올려놓았다. 그해 3월, 이 지역이 러시아군에게 점령된 사이 크림 의회는 러시아 합병에 대한 의사를 묻기 위해 국민투표를 실시했다. 국민투표 결과 95%의 찬성이 나오자, 크림반도의 친러시아 정부는 독립을 선언했다. 이는 일방적 무력으로 타국의 영토를 강탈한 것이나 다름없었다. 러시아의 통제하에 진행된 이 국민투표는 자유로운 투표가 아니었기 때문에, 유엔과 유럽연합, OSCE(유럽 내의 평화와 정치적 대화, 협력을 촉진하는 조직)를 비롯한 여러 기관들이 이를 불법이라고 규정했다.

2014년 5월 우크라이나에서 새로운 선거가 치러졌고, 권좌에는 우크라이나 최고 부유층 중 한 명인 페트로 포로셴코Petro Poroshenko가 올라갔다. 2019년에 또 한 번의 선거가 치러졌고, 볼로디미르 젤렌스키Volodymyr Zelensky가 우크라이나의 새로운 대통령이 됐다. 1991년 독립 후 제6대 대통령이다. 친서양적, 친유럽적 성향을 지닌 젤렌스키는 의회 의원을 뽑는 총선을 예정보다 앞당겨 시행하기로 결정했다. 이 선거는 2019년 7월에 실시됐고, 결과는 여당이 44%를 득표했다.

2021년 11월 젤렌스키 대통령은 블라디미르 푸틴 대통령이 자신에 대한 **쿠데타**를 계획했다고 비난했다. 2022년 2월 21일 푸틴이 2014년 유로마이단 이후 자체적으로 우크라이나에서 분리하기로 결정했던 도네츠크와 루간스크 지방의 독립을 인정한다고 발표했다. 그리고 2월 24일, 러시아군이 우크라이나 침공을 시작했다.

이 공격은 복잡한 전쟁의 전초전이었다. 유럽에서의 전쟁은 누구도 생각하고 싶지 않았고, 어떻게든 피해야 한다고 생각했다. 유럽인들은 그토록 가까운 나라에서 살인과 학살, 파괴, 무차별적인 폭격이 일어날 가능성은 희박하다는 믿음 속에서 전쟁이라는 가설은 저 멀리 밀어두었던 것이다.

우크라이나 상륙, **진행** 중인 **전쟁**

내가 우크라이나에 도착한 것은 2022년 2월 21일이었다. 우크라이나 국경에서 대치하고 있는 러시아군의 압박은 점점 심해졌다. 분명 상황이 긴박해질 터였다. 어떻게 될지, 언제가 될지는 잘 몰랐지만, 일이 터진다면 돈바스에서 벌어질 것이라고 확신했다. 무엇보다 그 지역에서 8년 전부터 전투가 있었으니, 러시아가 공격할 곳을 선택한다면 돈바스보다 더 이상적인 곳은 없으리라 생각했다. 그런데 그것은 착각이었다.

2월 21일, 나는 키이우에 있었다. 도시는 싸늘했고 한 줄기 빛이 우크라이나 수도의 화려한 건축물을 우아한 망토처럼 보호하듯 감싸고 있었다. 이곳은 오페라와 레스토랑 속에서, 대학과 대로를 오가는 길 속에서 삶이 계속되고 있었다.

그날 저녁 호텔 로비에서 돈바스로 이동할 계획을 세웠다. 다음 날 아침 일단 돈바스의 크라마토르스크Kramatorsk로 가기로 했다. 국내선 비행기를 타고 자동차로 이동하면 된다. 긴 하루가 될 것이고 휴식도 취해야 할 것이다. 호텔 직원 모두 정보 채널에서 나오는 소식을 듣느라 정신없었고, 입구에 놓인 텔레비전은 지역 방송과 국제 방송을 모두 방송하고 있었다.

다음 날 아침 일찍 올 수 있는지 확인하고 택시를 예약했다. 그리고 간단히 요기라도 하려고 꼭대기층에 올라갔다. 도시 주위는 환하고 조용했다. 나는 수프와 와인 한 잔을 주문했다. 젊은 웨이트리스 이리나는 텔레비전에 정신이 팔려 내게 미소를 지어 보이지 못했다. 그녀는 전쟁을 피할 수 없다는 것을 알고 있는 사람처럼 다급하게 움직였다.

손님이 앉은 테이블은 단 두 자리, 나와 스페인 동료 기자가 앉은 곳밖에 없었다. 이리나가 수프를 가져왔을 때 나는 걱정이 되느냐고 물었다.

그러자 그녀가 대답했다.

"세상이 끝난 것처럼 무섭네요. 어떻게 해야 이 두려움이 가라앉을지 모르겠어요."

나는 미소를 한번 지어 보이고 그녀의 손을 꼭 잡고 말했다.

"힘내요."

이리나는 살짝 미소를 짓고 잰걸음으로 주방으로 갔다. 지금 생각하면 이리나는 울음이 터질 것 같아 급하게 자리를 피한 것 같다. 그녀가 다시 로비로 나왔을 때 텔레비전에서 러시아 푸틴 대통령이 대국민 연설을 할 것이라는 소식이 방송되고 있었다.

푸틴은 러시아 정부 측에서 돈바스와 도네츠크, 루간스크 분리주의 공화국을 인정한다고 선언했다. 자신의 동족에게 긴 연설을 한 푸틴 대통령은 두 지역의 자치권과 독립을 승인한다는 내용의 공식 문서에 서명하고, 러시아군에게 돈바스 진입을 명령했다. 이 진입의 목적은 '평화 유지 작전'이라 표현했지만, 사실상 (유엔이 비난한 바에 의하면) 우크라이나 국경 침략이었다.

푸틴은 지체하지 않았고 주변의 의혹을 저버리지 않았다. 그는 정말 침략을 준비하고 있었다.

푸틴의 연설을 본 후 내가 할 수 있는 선택은 동쪽으로 이동하는 것밖에 없다는 점이 더 확실해졌다. 내 생각에 키이우는 별일 없을 것 같았다. 무슨 일이 생겨도 돈바스에서 생길 것이었다. 다음 날 아침 크라마토르스크로 출발했다.

도착했을 때의 분위기는 비현실적이었다. 주변에 있는 사람들보다 내가 더 걱정스러워하고 더 안절부절못하는 것 같았다. 나는 돈바스 주민들이 8년간의 전쟁에 익숙하기 때문인지, 아니면 푸틴이 정말 대규모 침공을 할 것이라는 생각을 아직도 밀어내려 하기 때문인지 궁금했다.

돈바스라는 지역과 그곳에 사는 사람들을 보기 위해 주위를 둘러봤다. 그 무렵 통역사로 일하면서 나와 동행하던 세르게이 Sergei에게 전선에서 가장 가까운 시골 지역으로 가달라고 부탁했다. 열 채의 집 중 한 채에만 사람이 사는 것 같았다. 지난 몇 주 동안의 테러 때문만은 아니었다. 유엔이 전한 바에 따르면 분쟁 때문에 2016년에 이미 160만 명이 이 지역을 떠났다.

돈바스(크렘린과 정치적으로 가깝다)는 역사 속에서 시련을 겪고 상처를 입었으며, 8년간의 전쟁으로 망령과 폐허, 구사일생으로 살아남은 자들이 있는 곳이다. 내가 그곳에 간 것이다. 전쟁이라는 것을 알게 되는 곳, 그것도 내전으로 전쟁을 알게 되는 국경 지역에 말이다. 하지만 내전이 우리 눈앞에서 세계 전쟁으로 바뀌고 있었다.

나와 세르게이는 크라마토르스크 근처의 작은 마을로 향했다. 가는 도중 스물다섯 살의 군인 니콜라이를 만났다. 그는 매우 긴장하고 있었고 도로를 지나는 자동차와 버스를 모두 세워 짐을 뒤지고 목적지가 어디인지 이동하는 이유는 무엇인지 물었다.

"무슨 일이 있어도 우리는 여기 남아 이 땅을 지킬 겁니다."

니콜라이는 간단하게 말했다.

돈바스 전방은 국경에서 우크라이나 쪽을 가로지르는 수백 킬로미터의 긴 영토로, 수년 전부터 근방에 사는 사람들의 삶을 상징하고 동양과 서양, 두 세계관의 경계로 전환되는 '접선'이다.

니콜라이에게 그 땅에서 친서양파 우크라이나인과 친러시아파 우크라이나인 간의 내전이 벌어지고 있는지 물었다. 그는 고개를 가로저으며 아니라고 했다.

"그러면 세계대전이죠. 여기 사는 저희는 이미 전쟁을 치르고 있기는 해요. 러시아가 우리 땅에서 벌이는 전쟁이죠."

한숨 돌리러 집에 가기 전에 세르게이와 함께 크라마토르스크 중앙 광장을 둘러보러 갔다. 시장이 나와 시민들에게 자신들의 정체성을 강화하고 전선에 있는 군인들에게 동기를 부여하기 위해 우크라이나 깃발을 들고 거리로 나와달라고 호소했다. 광장은 하나가 되었고, 모두 아직 젊고 두려움에 떨고 있었다. 바람에 펄럭이는 깃발의 수만큼 깃발을 든 얼굴도 많았다. 청년들이 "우크라이나, 우크라이나"를 외치고 있었다. 그사이 누군가는 위험에 처해 있다는 것을 알고 서둘러 집으로 돌아가 가방을 챙기고 당장 무슨 일이 생길지 모르니 먹을 것도 챙기고 있을 것이었다.

그날 저녁 세르게이와 나는 여러 감정으로 가득 차 있었다. 혼란스러웠지만, 전쟁이 일어나는 지역에서는 확실한 것이 가득한 것보다는 혼란스러운 편이 낫다는 것도 알고 있었다. 어차피 혼란도 상황을 잘 파악하고 있는지에 대한 의혹에서 만들어지기 때문이다.

나는 텔레비전을 켰다. 저녁 내내 사이렌과 경보, 그리고 확인 불가능한 뉴스, 확인이 어려운 뉴스가 계속 보도되고 있었다. 깊은 밤 젤렌스키 대통령은 대국민 발표를 하면서 러시아어를 사용했다. 그간 온갖 외교적 중재를 시도했지만 실패로 돌아간 것을 알기 때문에 러시아인들의 양심에 최소한의 평화 의식을 불러일으키기 위해서였다.

"2000킬로미터의 국경은 우리를 하나로 묶어주는 것입니다. 우리는 형제예요."

젤렌스키 대통령이 러시아인을 향해 말했다.

"그러나 여러분의 군대가 우리를 둘러싸고 옥죄고 있어요. 여러분 중에 우크라이나에 친척이 있는 분들이 많을 것이고, 우크라이나 대학에서 공부하는 분들, 우크라이나 친구가 있는 분도 많아요. 여러분은 우리의 성격도 알고 우리에게 중요한 원칙도 알고 있어요. 여러분의 이성의 목소리에 귀를 기울여주세요."

나는 피곤함에 지쳐 다음 날 할 일을 생각하다가 잠이 들었다. 그리고 새벽 5시쯤 폭격 소리에 잠이 깼다. 2022년 2월 24일 새벽이었다. 결국 러시아의 우크라이나 침공이 시작되고 말았다.

2022년 2월, **전쟁 국가**에서 잠을 **깨다**

침대 옆에 신발과 가방을 챙겨놓고 잠을 자는 것은 전쟁 지역에서 가장 먼저 알아둬야 할 일 중 하나다. 그리고 하늘에서 폭탄이 떨어지면 창문이 없는 벽 쪽 바닥에 앉아 있어야 한다. 2월 24일 새벽 5시 크라마토르스크에서 새벽 공기를 깨고 네 번의 폭발 소리로 전쟁이 시작되었을 때, 나도 그런 것을 배웠다.

모두가 두려워하던 대규모 작전이 시작됐다. 러시아 기갑부대가 우크라이나로 밀려오고, 수도 키이우와 오데사, 크라마토르스크에 일제히 공습이 가해졌다. 뒤이어 북부의 하르키우와 흑해의 항구 도시 마리우폴Mariupol이 공격당했다.

밖은 아직 캄캄하지만 네 번의 폭발로 크라마토르스크 주민들은 잠을 깰 수밖에 없었다. 시내에 있는 동료들이 잘 있는지도 알아보고 정보도 주고받고 두려움도 주고받으려 했는데, 전화가 됐다 말았다 해서 몇 시간 동안 통화를 하기가 너무 어려웠다. 전날까지 부정이라도 탈까 봐 전쟁이라는 단어를 입에 올리는 것조차 기피하던 도시 사람들은 단 몇 시간 만에 대규모 침략에 맞서고 전시에 생존하는 법을 아는 것처럼 준비하고 있었다.

크라마토르스크 주위의 작은 도시에서는 침공 한 시간 후부터 물과 전기가 끊겼다. 이 상황이 되니 멀리 사는 친구와 친척의 안부에 집착하게 됐다. 다들 잘 있는지, 적어도 살아 있기는 한 것인지도 알 길이 없기 때문이다.

그날 아침 세르게이는 마리우폴에 사는 여자 친구와도 볼노바하카Volnovakha에 사는 어머니나 키이우에 사는 여동생과도 통화를 하지 못했다.

세르게이에게 정신 차리고 일에 집중해달라고 부탁하는 것은 무례하고 부자연스러운 것 같았다. 하지만 그는 일을 해야 한다는 것을 알고 있었고, 끊임없이 통화를 시도하면서도 계속 내게 신경을 써주었다. 그에게 평생 감사해야 할 일이다.

폭격으로 잠이 깬 후 두 시간 동안 크라마토르스크의 풍경은 미리 싸둔 여행 가방과 멀리 사는 친척과 통화하려고 손에 핸드폰을 쥔 채 피난을 떠나는 사람들로 가득했다.

오전 7시가 되자 폭격 소리가 잦아들고 하늘이 환해지고, 거리와 자동차를 뒤덮고 있던 얼음은 거의 녹아 있었다. 사람들은 유령 같은 몰골로 집을 나서기 시작했다. 먼저 길을 나선 것은 노인들이었다. 낡은 코트를 껴입고 울 양말을 두 겹씩 겹쳐 신은 노인들이 하나둘 밖으로 나와 비축할 먹거리를 사러 슈퍼마켓 쪽으로 조용히 걸었다.

이른 시간이라 거리에 나와 있는 젊은 사람들은 거의 없었다. 지역 활동가나 기자는 러시아군이 크라마토르스크에 도착하면 가장 먼저 체포될 테니 두려운 마음에 서둘러 떠났다.

전쟁이 시작될 때 가장 먼저 해야 하는 일은 은행에 저금해놓은 돈을 찾고, 식량을 확보하고, 물과 약을 준비하고, 연료를 비축하는 등 모두 현실적인 것들이다.

주유소 앞에 대기하고 있는 자동차 행렬은 끝이 보이지 않을 정도였다. 차에만 기름을 가득 채우는 사람도 있지만, 연료통을 따로 챙겨와서 가능한 한 빨리 이 나라를 지나 서쪽으로, 폴란드로 갈 연료를 준비하는 사람도 있었다.

그사이 키이우의 현장 소식이 전해졌다. 모두 너무 놀라 꼼짝도 할 수 없었다. 그 누구도 우크라이나 수도가 함락되는 모습을 보게 될 것이라고는 상상도 하지 못했다. 폭격을 당한 키이우의 중심부와 러시아군이 헬리콥터로 시 외곽에 있는 공항을 점령하려는 모습, 그리고 지하철을 피난처 삼아 수백 명의 시민이 숨어 있는 모습이 방송됐다.

러시아의 우크라이나 침공 첫날은 충격과 함께 비워져가는 도시의 모습으로 끝났다. 시민들은 덫에 걸린 듯한 눈빛을 하고 있었다. 크라마토르스크에 어둠이 깔리자, 침략당한 조국의 모습을 지켜본 세르게이가 일에 집중하지 못해서 미안하다며 사과했다. 그의 얼굴은 근심으로 온통 찡그러져 있었다. 나는 사과하지 않아도 된다고 위로했다. 세르게이는 계속 여자 친구와 가족에게 전화했지만 헛수고였다. 우리는 서로를 안아주었다. 그 순간 우리는 동료에서 친구가 됐다.

✦

알리나, 가족사 속의 나라

침공 후 며칠 지나지 않아 나는 드니프로Dnipro로 이동했다. 이 도

전투가 진행 중인 우크라이나의 도시 바흐무트Bakhmut

시는 우크라이나에서 세 번째로 크고, 드니프로강의 전략적 교차점이기도 한 곳이다. 드니프로에 자리를 잡고 러시아 국경과 매우 가까운 우크라이나 제2의 대도시 하르키우의 상황을 살펴보기로 했다. 그리고 그곳에서 알리나를 만났다.

세르게이는 가족을 찾으러 갔고 나는 새로운 도시에 도착했다. 낯선 곳이다 보니 상황이 어떻게 진행되고 있는지 파악하는 데 도움을 줄 누군가와 함께 일해야 했다. 알리나는 여러 해 전부터 기자로 일하고 있었고 젊고 활기가 넘쳤다. 내가 겉으로만 알게 된 장점만 이 정도였고, 실제로는 훨씬 더 많은 장점을 갖춘 여성이었다. 알리나는 젊은 나이에도 불구하고 우크라이나에 대한 수많은 것을 내게 가르쳐줬다.

알리나는 자신과 가족 이야기를 통해 사람들 사이에서 생기는 분열이 얼마나 위선적이고 미묘한지 가르쳐줬다. 나는 형제, 자매도 전쟁으로 인해 돌이킬 수 없는 이별을 하게 된다는 것을 알게 됐다.

알리나 엘렉테라바Alina Eleckterava는 우크라이나에 사는 평범한 26세의 여성이다. 적어도 2022년 2월 24일, 러시아가 우크라이나를 침공하기 전까지는 그랬다.

2월까지 알리나는 돈바스 지역에서 벌어지던 전쟁이 현실인 것 같으면서도 멀게 느껴지기도 했다. 그런데 이제 그 전쟁이 코

앞으로 닥쳐왔고, 다른 사람들과 마찬가지로 그녀의 인생도 바뀌어버렸다.

내가 도착하기 며칠 전부터 이 도시에는 걱정스러운 소식이 돌고 있었다. 무장한 러시아 탱크가 남쪽으로 불과 90킬로미터 거리에 배치돼 있으며 도시 쪽을 향하고 있다는 소식이었고, 러시아군 무리가 낙하산으로 지상에 내려올 준비를 갖추고 있다는 소식도 있었다. 그래서 우크라이나군은 성벽 쪽으로 달려가 돈바스와 도시를 연결하는 다리에 지뢰를 설치해, 러시아군의 행진을 막을 수 있도록 언제라도 다리를 공중분해시킬 태세를 갖추고 있었다. 내가 드니프로에 갔던 2022년 2월의 분위기가 이 정도였는데, 불과 1년 전만 해도 알리나는 친구와 함께 러시아군이 돈바스에서 우크라이나 전역으로 전쟁을 확장할 가능성에 대해 이렇게 말했다.

"만약 그렇게 되면, 나는 도망갈 거야."

알리나는 친구들이 **영토방위군**에 등록한다는 말을 들었을 때 이해가 되는 듯하다가도 이해되지 않았다. 알리나에게도 애국심은 있었지만, 전쟁(2014년도부터 벌어지고 있었지만)은 사실 멀리서 들리는 경보 사이렌의 느낌이었다. 그런데 2월 24일, 지리적으로 한정된 곳에서만 벌어진다고 생각했던 전쟁이 모두의 전쟁이 되었다는 사실을 알게 됐다. 알리나는 이제까지의 삶을 제쳐두고 새로운 알리나로 변신했다.

알리나는 도망은 선택이 아니라는 것을 깨닫고 보도에 대한 기자의 열정과 의료 보조원이라는 능력을 동원해 사람들을 돕기 시작했다. 우리가 처음 만났을 때 알리나는 커다란 헤드폰을 끼고 하우스 뮤직을 들으며 도착했다. 나중에 알게 되었지만, 하우스 뮤직은 우크라이나의 젊은 층에게 상당히 인기가 있었다.

알리나는 드니프로에서 자기가 가장 좋아하는 카페에 나를 데리고 가서 커피와 디저트를 먹게 해주고 싶어 했다. 전쟁이 벌어지고 있는 나라인지라 드니프로도 다른 도시와 마찬가지로 전쟁 준비를 하고 있었다. 어디를 가도 검문소와 군인이 있었고 건물과 상점, 기념비 앞에 방화사(화재 시 불을 끄기 위한 모래_옮긴이) 자루들이 놓여 있었다. 하지만 다른 곳과 달리, 술집과 카페 몇 군데는 영업을 하고 있었다.

공습 경보는 아직 한 번도 울리지 않았고, 드니프로는 수많은 자발적 저항군을 위한 베이스캠프로 이용될 정도로 매우 평온한 곳으로 여겨지기를 바랐다. 알리나가 자신의 이야기를 하게 된 이유는 현시대의 증인인 동시에 침략당한 조국의 영토 주권을 지키는 사람들에게 도움과 지원이 되고자 하는 마음에서였다.

알리나는 전쟁을 설명하며 말했다.

"이웃 사람이 몇 개월, 몇 년 동안 창문으로 염탐하면서 내 단점과 약점을 알아내려 하면, 언젠가는 나보다 내 집을 더 잘 관리할 수 있으리라 생각하고 내 정원에 들어오려 할 거예요. 내 집에 침입해놓고 '내가 너보다 잘할 수 있으니까 내가 네 집을 갖겠어'라고 말하는 것과 똑같은 거예요."

알리나는 자신의 나라가 완벽하지 않다는 것을 안다. 그녀는 비유를 이어가며 자신의 집(우크라이나)은 지붕도 뒤틀리고 창문도 없지만 그래도 자신의 집이고 사랑하는 사람들의 집이라고 말했다. 집을 바꿀 수 있는 권리는 자기들에게만 있다고 말했다. 그러다 진지한 표정으로 돌변했다. 알리나는 정치적인 수준이 취약한 나라의 한계를 알고 있다.

"이 나라가 소련이었던 과거를 제대로 정리하지 못한 걸까요? 맞아요, 이 부분에서 문제가 많죠. 세대 차이의 문제가 있는 것도 맞고요. 그렇지만 그것을 해결해야 하는 것은 우리지 이웃이 아니에요. 초대받지도 않은 이웃이 우리 정원에 들어와 해결할 일이 아니죠."

알리나는 어머니와 아버지로부터 전해 들은 것 이외에 그 시기에 대한 기억이 없다. 어머니는 민족주의자, 아버지는 푸틴 지지자였다.

알리나는 드니프로 외곽에서 75세의 할머니 올가 여사와 함께 산다. 2022년 2월까지 올가 할머니의 생활은 손주들과 정원을 돌보는 정도밖에 없었다. 현재는 드니프로 남부 외곽에서 온 할머니들과 하루 종일 전방에 있는 군인들을 위한 식사 준비를 한다. 올가 할머니는 알리나에게 지난날을 이야기하지 않는다. 죽음 같았던 과거에는 전쟁의 시간이 너무 길어 전쟁 자체를 당연하게 여겼기 때문이다.

소련이라는 과거가 우크라이나에 무엇을 남겼는지, 소련 붕괴 이후 해소되지 않은 트라우마의 범위는 어느 정도인지, 독립된 우크라이나는 어떤 노력을 했는지와 같은 문제를 정리하는 일은 이제 중요하지 않거나, 중요하다 해도 더 이상 필요가 없다. 그리고 올가 할머니의 손자들처럼 분열된 가정, 즉 러시아의 영향력 행사를 지지하는 사람과 우크라이나 민족주의자로 갈라진 가정에서 살고 있는 청년들의 부담도 마찬가지다. 이 젊은이들은 본인이 직접 살아보지는 않았지만 자신들이 그 값을 치르고 있는 역사를 스스로 해석해야 할 입장에 놓여 있다. 올가 할머니와 알리나 가족도 마찬가지다. 알리나의 아버지는 친러시아파로, 오래전부터 그래왔고 지금도 그렇다. 반대로 어머니는 서유럽에 관심이 많다. 어머니는 학교 식당에서 요리사로 일한다. 알리나의 말로는 어머니가 텔레비전 화면으로 세상을 알게 됐다고 한다. 알리나의 어머니는 민족주의자라서 걱정이 많다. 어머니는 현대적인 드니프로와 쇼핑센터, 패스트푸드를 좋아한다. 전쟁에 대한 이야기는 들으려 하지도 않고 보고 싶어 하지도 않는다.

전쟁이 시작된 후로 어머니는 텔레비전을 보지 않는다. 눈물을 흘리며 어떻게 하면 빨리 이 나라를 떠날 수 있는지에 대해서만 이야기한다. 어머니는 알리나가 집에 있는 것이 안전한지, 나라 밖으로 나가는 것이 나은지 궁금할 것이고, 영토방위군에서 의료 봉사 따위는 하지 않기를 바랄 것이다. 어머니는 알리나에게 매일 전화했고, 하르키우와 키이우에서 벌어지는 일을 보고 묻는다.

"알리나, 우리를 죽인다는 게 정말이야? 우리 차례는 언제야?"

그러면 알리나는 다른 이야기를 하면서 어머니를 안심시킨다. 하루는 어머니가 전화를 걸어 이제 열 살이 된 남동생을 데리고 피난을 갈 수 있게 도와달라고 했다.

"너는 남고 싶으면 네 마음대로 해. 하지만 우리는 떠날 거야."

알리나의 어머니가 말했다. 알리나는 남아서 나라를 돕는 것이 어떻겠냐고 물었다. 그녀의 어머니는 계속 울면서 소련 시절의 생활로는 돌아가고 싶지 않다는 말만 했다. 알리나는 어떤 평가를 하지는 않았지만 사실 어머니를 완전히 이해하지는 못했다.

반면 알리나의 아버지는 이번 침략을 지지하는 입장이다. 그래서 알리나와 아버지의 관계는 최악이지만, 2022년 2월부터가 아니라 오래전부터 깊은 갈등이 있었다. 알리나는 몇 년 전부터, 정확히 2014년 돈바스에서 분리주의자와 우크라이나군이 전쟁을 시작했을 때부터 아버지 이해하기를 포기했다. 알리나의 아버지는 우크라이나가 국가가 아니라 정체성이 없는 땅덩어리라고 생각한다. 그리고 우크라이나의 정치인들이 자치적으로 존재할 능력도, 한 나라를 이끌 능력도 없는 코미디언들이라고 생각한다.

침공 후 아버지는 알리나에게 두 번밖에 전화하지 않았다. 침공 첫날에는 이런 말을 하려고 전화를 했다.

"해방자들을 맞을 준비를 해라. 러시아인들은 문제를 해결할 방법을 알고 있을 거야."

그리고 며칠 후, 드니프로에서 주민들에게 폭격의 위험을 경고하려고 처음으로 대공 경보를 울렸을 때 전화가 왔다. 그때 알리나에게 물었다.

"괜찮니?"

알리나는 대답하지 않았다. 그날부터 아버지와는 더 이상 연락이 되지 않았다.

이 전쟁은, 아니 러시아의 우크라이나 침공은 물리적으로나 감정적으로나 가족을 분열시킨 사건이기도 하다. 알리나의 어머니는 소련 시절 우크라이나에 대해 입도 열지 않으려 했다. 반대로 아버지는 그 시절, 1991년 이전의 시대를 추억하며 산다.

그 사이에 알리나가 끼어 있고, 그녀와 같은 젊은이, 즉 서유럽을 보면서 나라의 정체성을 구축하려던 소비에트 이후의 세대가 이제 전쟁의 희생양이 되었다.

우크라이나 재방문, 수도 **키이우**의 **상처**

전쟁이 시작된 지 한 달 반이 지났을 때, 키이우는 폐허의 도시가 됐다. 폭격으로 거리는 검게 그을리고 건물은 무너져 거의 잔해만 남았다. 나는 두 번째 우크라이나 방문에서 유럽의 심장부에서 일어난 이 전쟁에 대해 설명하러 키이우 북쪽 구인 오볼론Obolon으로 갔다.

도착하자마자 내 눈에 띈 것은 전체적으로 화염에 그슬리고, 출입문 앞에는 잔해가 쌓여 있고, 시멘트 기둥이 떨어져 아이들의 집 짓기 블록처럼 널브러져 있는 9층 건물이었다.

그날 비가 엄청나게 쏟아졌지만, 그 궂은 날씨에도 폴리나 여사는 잔해 앞에 있는 나무 상자에 앉아 한때 자신의 집이었던 그 건물을 뚫어져라 바라보고 있었다. 몇 주 전까지 자신의 주방 창문이었던 구멍을 바라보고 있던 것이다. 이 건물은 러시아 미사일을 맞아 계단 한 부분만 멀쩡하고 다 부서져 혹시 건질 물건이 있는지 찾아보러 온 입주민들이 한 번에 한 명씩만 올라갈 수 있었다. 그래서 폴리나 여사도 건물에 들어갈 차례를 기다리고 있는 것이었다. 올라가도 물건과 추억을 안전하게 가지고 내려올

만한 공간이 충분치 않았다.

폴리나 여사는 먼저 올라간 이웃 니콜라이 할아버지가 내려오기를 기다리고 있었다. 두 딸과 함께 살던 니콜라이 할아버지는 자기 책과 손자의 책 몇 권을 가지러 올라갔다. 손자가 문학을 전공하는 대학생이었는데, 학교가 할아버지 집과 가까워 자주 자고 가곤 했었다. 니콜라이 할아버지는 두 눈에 슬픔을 가득 담고 천천히 발걸음을 옮겼다.

니콜라이 할아버지와 폴리나 여사는 알고 지낸 지 오래됐고, 그 동네가 만들어지고 발전하는 모습을 지켜봤다. 폴리나 여사는 그 건물 4층에서 수십 년을 살았다. 그녀는 노년의 나이에 방공호로 바뀐 지하실에서 잠을 청하게 될 줄은 꿈에도 생각지 못했다. 그러나 2022년 2월 폴리나 여사의 인생이 바뀌었고, 다른 우크라이나인들과 마찬가지로 피신할 곳을 찾아야 했다. 폴리나 여사는 이웃을 도와 지하실을 좀 더 지내기 편하게 만들었지만, 폭격의 두려움에서 벗어나고 싶은 건물 주민들이 함께 지내기에는 너무 좁았다. 그래서 폴리나 여사는 2022년 3월 15일, 앞 건물에 사는 지인에게 자신을 받아달라고 부탁했다. 여사는 혼자 살아서 누군가와 두려움과 걱정을 함께하고 싶었지만, 모든 주민이 숨을 쉬기에는 산소도 부족한 지하 창고로 내려가고 싶지는 않았다. 그렇게 그녀는 이웃집 지하실에서 경보 소리에 이은 총성을 들었다. 폴리

2022년 10월, 러시아군의 폭격을 받은 우크라이나 자포리지아의 한 아파트

© National Police of Ukraine

2022년 6월, 러시아의 공격을 받은 우크라이나의 한 쇼핑센터

© State Emergency Service of Ukraine

나 여사가 잠시 기다렸다가 밖으로 나갔을 때, 여사의 집이 불길에 휩싸여 있는 모습이 보였다.

폴리나 여사는 22세부터 오볼론에서 살았고, 현재 65세다. 여사는 집에 불이 난 것을 봤을 때 젊은 시절의 아름다운 추억을 떠올려보려 했지만 아무것도 생각나지 않았다고 한다.

지금은 그 집을 생각하면 산산조각 난 창문과 어둠 속에서 어디에 닿는지 알 수 없는 발걸음, 그리고 소방관들이 왔지만 중앙계단이 무너져 사망자와 부상자를 찾으러 올라가지도 못하던 모습이 떠오른다.

드디어 차례가 돌아와 4층으로 올라간 폴리나 여사는 자신의 물건을 찾아보려 했지만 아무것도 남은 것이 없었다. 전쟁은 그렇다. 끝난 듯하면 싸움이 붙고, 숨을 내쉬고 나면 입을 다물게 된다.

가까이서 보면 파괴 그 자체다. 멀리서 보면 폭격 소리가 잠잠해져 안심해도 될 것 같지만 또다시 공격이 시작될까 봐 무섭다. 폴리나 여사는 잿더미 속에서 자신의 과거를 찾아보려 했다. 사진이든 신분증이든, 혹은 딸의 대학 졸업 사진을 찾고 싶었다. 옷장에 걸린 옷가지는 몇 벌 남아 있었지만 그런 것은 챙기지 않았다. 여사는 무언가를 챙기러 갔다기보다는 자신의 인생에 작별인사를 하러 집에 올라간 것 같았다.

전쟁은 사람만 죽이는 것이 아니라 공간도 죽인다. 이를 '**도시**

환경 파괴 Urbicide'라고 한다. 그러나 키이우만 상처 입은 도시인 것은 아니다. 여행의 마지막 여정은 우크라이나 제2의 도시이자, 키이우처럼 전쟁의 흔적을 담고 있는 하르키우로 넘어간다.

키워드

도시환경 파괴

도시의 체계적(물질적, 문화적, 민족적)인 파괴를 말한다. 전쟁 중의 폭력은 사람뿐 아니라 그들의 일상을 둘러싼 도시 공간을 대상으로도 가해진다. 전쟁이 나면 우리가 살던 집이 무너지고 할머니가 장을 보러 가던 상점이 사라지고, 학교 벽이 가루가 된 모습을 보게 될 것이다. 요컨대, 우리가 매일 생활하는 일상적인 장소가 더 이상 없는 것이다. 도시 외곽의 놀이공원과 우리가 수영을 배운 수영장, 토요일과 일요일 오후에 시간을 보내던 축구장과 영화관도 사라진다.

건물을 공격한다는 것은 전쟁 전 일상을 공격하는 것이다. 학교와 교회, 공원 같은 장소에서 함께하던 인간관계를 공격하는 것이다. 우리가 의존하고 있는 건물을 공격하는 것은 인간의 조건에 대한 암묵적인 공격이다. 로마인들이 카르타고를 파괴한 일이나 제2차 세계대전 중 드레스덴을 생각해보자. 모두 주변 환경을 의도적으로 없애버린 경우다. 유고슬라비아의 몰락과 이후의 학살 과정 중에 실질적인 죽음이라는 맥락으로 '도시환경 파괴'라는 말이 처음 사용됐다. 당시 두브로브니크Dubrovnik, 부코바르Vukovar, 모스타르Mostar 같은 도시가 파괴되어 주민들이 살 수 없게 됐다. 한편 사라예보Sarajevo와 바냐루카Banja Luka에서는 상징적인 가치가 높은 건물을 의도적으로 파괴하려고 했다.

아나스타샤와 안나의 이야기, '집'의 새로운 의미

아나스타샤 필토바Anastasia Piltova는 하르키우의 문화와 전시회, 공연 등에 관한 글을 쓰는 작가다. 하르키우는 그녀가 태어나 평생 살아온 우크라이나 제2의 도시로, 러시아 국경과 매우 가까워 전쟁의 영향을 많이 받았다.

러시아의 침공이 시작됐을 때부터 아나스타샤는 하르키우 지하철 오페라역으로 이동했다. 지금은 거기서 폭격을 피하러 온 수백 명의 사람들과 살고 있다.

지금 그녀의 집은 바닥에 깔린 매트리스 두 개(하나는 자신의 것이고 하나는 친구의 것이다)이고, 가진 것은 약간의 쌀과 알루미늄 냄비 하나, 컵 하나, 물병 하나, 휴지, 담요, 크레용과 스케치북뿐이다.

아나스타샤는 그림을 그리며 시간을 보낸다. 매일 전쟁이 일어나기 전에 살았던 삶을 떠올리려고 지하철역에서 나가 자신이 살던 집이 아직 제자리에 있는지 보러 간다. 너무 위험해서 들어갈 수는 없지만 아직 벽이 온전히 서 있는지 확인하고 싶었다. 그래야 전쟁이 끝나면 돌아갈 곳이 있다는 생각(그렇게 되기를 바란다는 표현이 맞겠다)을 하기 때문이다.

2022년 2월 24일 침공이 시작되었을 때, 아나스타샤는 강해지고 싶었고 '우리는 전쟁 중'이라는 생각보다는 '빨리 지나갈 거야. 모든 것이 빨리 지나가야 해'라고 생각했다.

아나스타샤는 이전의 삶으로 돌아가기를 바란다. 밖으로 나가 산책을 하고 매주 일요일에 가던 박물관도 가고 싶다. 하지만 이제 상황이 달라졌고, 햇볕은 상상 속에서만 볼 수 있으며, 눈은 지하철역 안의 어둠에 익숙해졌다.

이제 그녀의 집이 된 플랫폼에는 휠체어를 탄 여성과 바닥에 엎드려 그림을 그리는 아이, 갓 태어난 아기에게 젖을 먹이는 어머니가 있었다. 아나스타샤가 매트리스에 나를 앉히고 털어놓은 바에 의하면, 그녀를 가장 힘들게 하는 것은 전쟁에 적응이 되면서 더러운 생활에도 익숙해지는 것이었다. 제대로 씻지 못하고 자원봉사자들이 구호 식품 상자를 가지고 지하철 역에 올 때만 식사를 할 수 있는 상황에 적응하게 된 것이 마음 아프다고 했다.

예전에 그녀는 예술만 생각했다. 미로노시츠카야Mironositskaya 정교회의 황금 돔과 아카데미 광장, 웅장한 오페라와 대성당 등 정열적이고 아름다운 하르키우의 그 모든 것이 그녀의 관심사였으나 지금은 상처로 가득하다.

주거 지역도 상처로 가득하기는 마찬가지다. 하르키우에서 가장 큰 타격을 받은 곳은 북쪽 시골 마을과 연결되는 살티우카 북부다. 이 지역에는 열 개의 건물이 있고, 그중에는 15층 건물도 포함돼 있었는데, 폭격으로 모두 손상됐다. 3월에도 위층에서 연기가 나고 있었고, 눈 속에는 대포를 맞아 깨진 유리들이 보였다.

부서진 어느 건물 6층 창문에서 한 할머니가 고개를 내밀고 자기들을 데리고 가달라고 소리쳤다.

"여기 다 부서졌어요. 도와주세요."

할머니가 전투 중 갇히게 된 사람들을 대피시키고 있던 경찰 부대에게 말했다. 경찰은 부서진 잔해들 사이로 간신히 공간을 만들며 계단을 올라갔다.

경찰이 '안나'라는 이름의 할머니와 남편 알렉세이의 집으로 들어갔다. 전날 밤의 충격으로 창문과 가구, 벽과 문까지 모두 부서져 있었다. 다른 사람들은 모두 피신했지만 노부부는 빠져나가지 못했다. 거동이 불편할 정도로 연로하고 너무 놀랐기 때문이다.

안나 할머니는 가방 하나에 넣을 수 있는 몇 가지 물건만 챙기고 경찰과 함께 온 군인의 부축을 받으며 나왔다. 그런데 몇 걸음 가다가 다시 집에 가야 한다고, 문을 열쇠로 잠그는 것을 깜빡했다고 말했다. 할머니의 집은 폐허가 돼 다시는 돌아가지 못할 수도 있었다. 하지만 그것이 전쟁의 황폐화에서 할머니가 집과 그 안에 깃들어 있는 추억을 지키는 방법이었다.

안나 할머니가 집과 이별하는 광경을 보면서 나는 도시의 심장을 죽이고 상처 입히는 것이 진정 무엇을 의미하는지 깨달았다. 그것은 사회 조직에 타격을 주면서 사람들이 사랑한 장소, 그들이 성장한 장소를 더 이상 안전하다고 느끼지 못하게 만드는 것이다.

여러분의 아늑한 방과 학교에 갈 때, 혹은 부모님이 직장에 갈 때마다 지나던 길이 아무 이유 없이 공격당하고 적 때문에 몸을 사려야 하는 곳이 된다고 상상해보면 된다. 아니면 오랜 세월 아름다운 추억을 선물해준 모든 것이 산산조각이 난다고 생각해보자. 집에서 가까운 놀이공원이나 가장 좋아하던 장난감 가게, 혹은 간식을 사러 가던 빵집이 사라진다고 생각해보자. 전쟁이 시작된 후 몇 주 만에 우크라이나는 그렇게 됐다. 폭력이 추억과 역사가 가득한 장소를 없애버렸다.

우크라이나 요약 연대표

1991년
우크라이나 독립, 소련 붕괴.

2004년
빅토르 유셴코를 지지하는 오렌지 혁명으로 친유럽 정책이 추진됨.

2010년
빅토르 야누코비치가 우크라이나 대통령으로 선출. 친러시아 시대 시작.

2013년
야누코비치의 EU 무역협정 추진 중단과 친러시아 정책 추진으로, 반정부 시위가 유로마이단 혁명으로 발전. 2014년 초 야누코비치 실각.

2014년
돈바스 지역에서 친러시아 반란 발생. 러시아의 지원을 받은 도네츠크, 루간스크 공화국이 우크라이나로부터 독립을 선언.

2014년
크림반도에 러시아 군대 침투. 지역 정부가 무너지고 친러시아 지도자가 취임. 3월 독립을 위한 국민투표가 기획. 유엔 등에서는 이 국민투표가 불법이라고 선언.

2014년 페트로 포로셴코가 우크라이나의 새 대통령으로 임명됨.

2019년
볼로디미르 젤렌스키가 우크라이나의 대통령으로 선출.
우크라이나에 새로운 친유럽 시대 시작.

2022년 2월 21일
러시아의 푸틴 정부가 도네츠크와 루간스크 영토의 독립을 인정.

2022년 2월 24일
러시아의 푸틴 정부가 우크라이나를 침략.

용어 해설

제2차 세계대전 1939년 유럽에서 발발해 1945년에 종식된 전쟁. 이 전쟁을 '2차'로 규정하는 이유는 제1차 세계대전(1914~1918년) 이후에 발생했기 때문이고, '세계'대전이라고 하는 것은 전 세계가 가담했기 때문이다. 전쟁의 승자는 연합군(프랑스, 영국, 미국, 소련)이었고, 패자는 추축국(독일, 이탈리아, 일본, 핀란드, 루마니아, 헝가리, 불가리아)이었다. 전쟁 중 군인과 일반 시민을 포함해 5500만~6000만 명이 사망했다.

러시아 혁명 1917년 러시아에서 일어난 역사적 사건이다. 10월 혁명이라고도 하며, 이 혁명으로 차르 정권이 무너지고 1922년 소련이 탄생됐다. 이 모든 것은 1917년 2월(그레고리력으로는 3월 8일) 일부 노동자들이 일으킨 파업에서 시작됐지만, 진정한 혁명은 같은 해 11월 레닌Lenin이 이끄는 볼셰비키파가 크렘린 궁과 권력을 장악하면서 발생했다(그레고리력으로는 10월 24~25일).

소련 소비에트 사회주의 공화국 연방의 약자. 연방국가, 즉 여러 국가로 구성된 국가로 1922년 러시아 혁명의 영향으로 탄생했다. 소련의 확장은 북아시아에서 동유럽까지 이어졌고, 수도는 모스크바였다.

소련이 탄생했을 때, 우크라이나와 조지아, 아르메니아 같은 여러 국가가 소비에트 연방에 통합되기는 했지만 약간의 자치권을 유지하고 있었다. 소련은 1991년 12월 26일에 해체됐으며, 바로 직전에 우크라이나가 독립했다.

분리주의 공화국 원래 속해 있는 국가로부터 독립하기로 결정하고 스스로 공화국 수립을 선언한 지역. 일반적으로 이러한 공화국은 대다수의 인구에 비해 민족적·언어적·종교적 특성이 강한 집단이 있는 곳에서 발생한다. 대표적으로 스페인의 카탈루냐, 영국의 스코틀랜드 등이 독립을 요구하는 목소리가 크다. 돈바스의 경우, 이 지역에 포함된 두 공화국(루간스크와 도네츠크)의 친러시아 분파가 2014년에 러시아의 지지와 재정 지원을 받아 우크라이나 중앙 정부에 반란을 일으킨 후, 우크라이나의 동의 없이 독립을 선언했다. 현재는 러시아와 시리아(푸틴의 동맹국), 남오세티야(이 역시 국제적으로 인정되지 않은 분리주의 공화국이다)만 돈바스의 두 분리주의 공화국의 독립을 인정하고 있다.

쿠데타 새로운 정부를 수립하고자 하는 사람들의 무리가 정부를 전복시키는 것을 의미한다. 주로 폭력적인 방법으로 일어난다.

크렘린 크렘린은 러시아어로 '요새'라는 뜻이다. 가장 중요하고 유명한 크렘린은 12세기에 모스크바 중심지에 건설된 것이다. 실제로 크렘린 내에는 의회와 정부 청사가 있을 뿐 아니라, 대통령 관저도 있다. 이런 이유로 크렘린이라고 하면 단순히 물리적인 장소가 아니라 추상적으로 러시아 정부를 의미하는 경우가 많다.

영토방위군 영토방위부대라고도 부르며, 러시아 침략 가능성을 방어하기 위해 2022년 1월 1일 창설된 무장 단체다. 돈바스 전쟁의 발발과 함께 탄생한 자원봉사 단체인 향토방위대에서 창설된 군대다. 우크라이나 국방부의 지휘하에 있으며, 이 단체의 구성원들은 일반적으로 영토방위대에 가입해 자국을 방어하기 위해 투쟁하기로 결심한 민간 자원봉사자들을 관리하는 임무를 지닌 참전 용사들이다. 영토방위대에는 해외에서 온 자원봉사자로 구성된 우크라이나 영토방위대 국제 군단도 포함된다.

공습 경보 공습이 일어나려 할 때 도시에 사용되는 음향 장치다. 공습이 임박했다는 것을 경고하기 위해 온 국민이 들을 수 있을 정도로 길고 매우 강한 소리를 송출하는데, 이 경보를 듣고 시민들은 폭격을 피하기 위해 지하 대피소 같은 곳으로 대피할 수 있다.

4 전제 정권은 쫓아냈지만 봄은 아직 오지 않았다

리비아

몰타
튀니지
지중해
트리폴리
알제리
리비아
니제르
차드
수단

지도 속의
리비아

리비아는 북아프리카 국가이며 세계에서 열여섯 번째로 면적이 크다. 이탈리아 바로 아래 지중해 연안에 위치하고, 서쪽으로는 알제리와 튀니지, 동쪽으로는 이집트, 남쪽으로는 니제르, 차드, 수단과 국경을 접하고 있으며, 수도는 트리폴리Tripoli다.

20세기 초 리비아의 역사는 이탈리아와 깊은 관련이 있다. 리비아는 1911년에 이탈리아의 식민지가 됐다. 그 시기 이탈리아는 유일하게 식민지가 없는 유럽 강대국이었기에 다른 나라가 점령하지 않은 마지막 남은 영토, 즉 키레나이카, 트리폴리타니아, 페잔을 침략하기로 했다. 이 세 지역은 현재 리비아의 땅이다.

내가 처음으로 리비아에 갔을 때는 찾는 것이 분명하다고 생각했다. 아주 긴 **독재 정권**에서 벗어난 나라, 카다피의 나라, 아직도 2011년 혁명의 열기 속에서 사는 나라, 지난 40년간의 전제 정권에서 민주주의로 넘어가는 과도기에 새로운 정체성과 새로운 길을 찾으려 힘겨운 노력을 하던 국민들, 이것이 내 머릿속에 들어 있던 것이다.

그런데 첫 리비아 여행은 내게 많은 것을 가르쳐줬고, 특히 내 생각이 착오라는 사실을 알게 해줬다. 나처럼 직접 본 것을 다른 사람에게 전달해야 할 책임이 있는 사람은 도착지에서 접하게 된 이야기가 출발 전에 접하리라 생각하던 바와 다른 경우가 많다는 것을 알아야 한다. 따뜻한 온기와 확실한 보살핌이 있는 환경에서는 편견에 빠질 위험이 있다.

그래서 리비아에 대한 이야기는 기하학적 이미지로 시작하려 한다. 그러면 수많은 요인에 의해 이 나라가 이탈리아나 유럽과 연결된 경위를 파악하는 데 도움이 될 것이다.

리비아와 이탈리아를 연결하는 두 개의 직선이 있다고 상상해 보자. 이 직선은 지중해와도 연결돼 있을 것이다.

직선 하나는 리비아 서부에 위치한 도시인 멜리타Mellitah에서 이탈리아까지, 좀 더 정확하게 시칠리아 젤라Gela까지 이어지는 가스관이다. 매년 이 가스관을 통해 이탈리아에 80억 입방미터의 가스가 전달된다. 엄청난 양이다. 리비아에서 전달되는 가스를 우리의 일상과 연관 지어 생각해보자. 이탈리아에서 아침에 가스레인지를 켜서 커피를 끓일 때 사용되는 가스가 리비아에서 지중해를 거쳐온 그 가스의 일부다.

두 번째 가상의 직선 역시 지중해를 지나는데, 이것은 트리폴리타니아(리비아 서부)의 해안에서 출발해 람페두사Lampedusa나 시칠리아 해안으로 가려는 이민자들이 이동하는 경로다. 매년 수천 명의 사람이 위태로운 고무보트를 타고 위험천만한 이동을 한다. 가난과 전쟁, 기후 변화, 고문에서 도망치기 위해 모든 것을 버리고 유럽으로, 더 나은 미래를 그리며 떠나는 것이다.

이 두 직선은 서로 만나지 않을 것 같지만, 의외로 교차되는 경우가 많다. 왜냐하면 리비아는 경제적 이익과 정치적 혼란이 인과 관계에 놓여 있는 나라이기 때문이다. 원인이 무엇일까? 간단하다. 리비아는 **석유*** 매장량이 세계에서 9위이고 아프리카에서는 1위인 나라다. 이렇게 풍요로운 나라지만 비정규 군사조직인 민병대가 유정을 감독하는 일이 많다.

그리고 이 민병대는 사람도 통제한다. 즉, 이민자를 지중해로 이송하는 배나 고무보트를 관리하는데, 고문하고 감금하거나 이민자와 그 가족에게 상당한 액수의 돈을 갈취한 후에 태워주는

키워드

석유

석유는 액체 혼합물, 즉 여러 물질이 혼합되어 만들어진 물질이며 땅을 굴착해 얻는다. 최근 몇 년 동안은 환경에 미치는 영향이 크다는 이유로 소비를 줄이려 하고 있지만, 우리 사회에서 아주 많이 사용되는 물질이다. 석유는 우리가 매일 일상적으로 사용하는 수많은 제품을 만드는 데 사용되므로, 석유에 의존하지 않으려면 아주 어려운 과정을 거쳐야 한다.

휘발유와 플라스틱은 물론, 농업용 살충제를 비롯해 심지어 우리의 옷을 구성하는 물질도 석유를 사용한다. 석유는 '검은 황금'이라고 불릴 정도로 아주 중요해졌다.

리비아는 1959년에 발견된 석유 자원을 그다음 해부터 추출하기 시작한 거대 석유 생산국이다. 석유의 생산은 이 나라의 운명을 근원적으로 바꾸어놓았으며, 카다피의 전제 정권 시절과 2011년 혁명 중에 리비아의 정치적 발전에 영향을 끼쳤다.

실제로 리비아산 석유는 여러 유럽 국가에서 많이 찾는데, 유황이 거의 없는 최상급이고, 유럽과 가까운 위치 덕분에 접근성이 좋기 때문이다.

경우가 많다.

무장한 민병대와 지중해 이동을 관리하는 단체가 어떻게 뭉쳐지게 되었는지 파악하려면 잠시 한 걸음 뒤로 물러나 리비아의 최근 역사를 함께 살펴봐야 한다.

42년의 **전제 정권**, **카다피**가 리비아와 국민을 모델링한 방법

해외에서 일을 할 때, 특히 분쟁이나 정치적, 군사적 위기를 겪은 지역에서 일을 할 때는 이동 중에 만나는 사람이나 같이 일하는 사람과 아주 깊은 관계를 맺게 되는 경우가 많다. 다른 나라에서 우리가 이동하는 것을 도와주는 현지인은 사람을 소개해주고 이동 계획을 세워주고, 우리가 모르는 말을 해석해주는데, 특히 우리가 주위 사람들에게 실수하거나 의도치 않게 배려가 부족할 수 있는 문화와 전통에 관해서 알려준다.

그래서 우리를 도와주는 현지인들에게 의존하게 되는 경우가 많다. 리비아에서도 그랬는데, 지난 10년간 알게 된 사람들과 친구가 됐고, 가족 같은 사이가 됐다. 수년간 여행에서 생긴 가족 중 후센Husen이라는 청년이 있다. 후센은 현재 32세이고, 결혼해서 오랫동안 고생한 끝에 집을 지었고, 2019년 전쟁으로 집을 잃은 부모님까지 모시고 살게 된 것을 아주 자랑스러워한다.

나는 후센과 많은 이야기를 나눴다. 2011년 혁명의 결과나 2014년 내전, 이민 경로, 2016년 ISIS와의 전쟁, 2019년 트리폴리 전쟁, 그리고 그 이후의 정치 혼란 등에 관한 대화를 했다.

2011년, 리비아에서 혁명이 시작됐을 때 후센은 이탈리아 페루자 외국인 대학교에서 공부하고 있었다. 당시 안전한 이탈리아에 있었고, 계속 머물 수도 있었다. 그러나 초반에 일어난 광장 시위를 본 후센은 바로 트리폴리행 비행기 표를 끊었다. 자신과 나이가 비슷한 사람들이 자유를 요구하고 있었고, 후센도 그들에게 합류해야 할 것 같았다.

그런데 무엇으로부터의 자유일까? 무려 42년간 지속된 카다피 전제 정권으로부터의 자유였다. 과거로 거슬러 올라가 이 전제 정권이 어떤 의미가 있는지 이야기해보면, 당시의 기억이 리비아 국민들에게 끼치고 있는 영향을 이해할 수 있을 것이다.

무아마르 카다피Muammar Gheddafi 대령은 1942년 베두인 가문에서 태어났고, 젊은 시절부터 대표적인 범아랍주의 지지자로 유명해진 가말 압델 나세르Gamal Abdel Nasser 이집트 대통령의 영향을 받았다. 범아랍주의는 아랍어권의 여러 국가 간의 연합을 촉구하고 서구 열강의 식민지화에서 벗어나는 것을 지지했다.

1969년 9월 1일, 카다피는 젊은 장교들과 함께 무혈 혁명을 일으켜 권력을 장악하고 리비아 아랍 공화국을 출범시켰다. 이후 새로운 헌법을 제정하고 선거 제도와 모든 정당을 폐지했다. 그렇게 리비아의 최고 지도자가 되어 42년 동안 전제 정권을 이어왔다. 혁명 이후 카다피의 역사가 리비아의 역사와 불가분의 관계에 놓이게 된 것이다.

권력을 잡을 당시 무아마르 카다피는 고작 27세의 나이였지만, 카리스마 있는 청년이어서 금방 리더의 자리를 굳힐 수 있었다. 나세르의 후계자는 당연히 카다피라고 여겼지만, 아랍 해방자가 되려는 그의 모든 노력은 실패했고 리비아는 주변 국가와 서구 모두로부터 단절되고 말았다. 1990년대 말까지 카다피는 국제 테러리즘의 주요 후원자로 여겨졌고, 그로 인해 리비아는 미국과 유엔의 경제적 제재 대상이 되었다.

하지만 카다피의 태도가 바뀌자, 리비아를 대하는 서구의 태도도 변화했다. 카다피 측에서 2001년 9월 11일 테러를 비난하자, 조지 부시 미국 대통령은 제재를 풀었고, 리비아는 투자를 받고 유럽과의 거래도 다시 시작하게 됐다.

카다피는 지난 42년 동안 1970년대에 본인이 출간한 **《그린북**

1969년 정권을 장악한 후, 이집트 나세르 대통령과 만난 카다피(왼쪽)

ⓒ al-Ahram

1969년 개최된 아랍정상회담에서 이집트 나세르 대통령(앞줄 왼쪽)과 시리아 아타시 대통령 사이에 앉아 있는 카다피

ⓒ The Online Museum of Syrian History

The Green Book》*을 바탕으로 한 자신의 정치 철학대로 리비아를 통치했다. 그는 정치만 개혁한 것이 아니라, 대중에게 직접적인 호소를 자주 하고 강력한 혁명위원회를 둠으로써 일상의 모든 측면을 통제해 나라의 경제를 개혁했다.

1980년대에 카다피에 대항한 첫 쿠데타 시도가 일어나자, 공포 정치가 시작됐다. 수천 명의 사람이 감옥에 갇히고 심문을 받았다. 수십 년이 지난 지금까지도 처형된 사람들이 정확히 몇 명인지 알려지지 않았다.

2011년 후센이 수천 명의 젊은이와 함께 자유를 찾으려 했던 이유가 바로 이것이다.

키워드

《그린북》

《그린북》은 1975년 무아마르 카다피가 출간한 17장으로 구성된 책으로, 정치 · 경제 · 사회에 대한 그의 주요 개념들이 요약되어 있다. 카다피의 견해에 따르면, 국가는 국민이나 국민의 요구와 너무 동떨어진 체제다. 따라서 그가 사회의 진정한 기초라 생각하는 것, 즉 가족을 강화하기 위해 국가 체제는 폐지되어야 한다. 새 생명의 탄생으로 가족이 확장되면 나중에는 하나의 부족, 즉 대가족이 형성되는 것이다. 결론적으로 국가는 하나의 거대한 부족으로, 통합된 부족들의 총체일 뿐이다. 이러한 '비국가'의 개념은 결정적으로 1977년 3월 2일, 카다피가 리비아에 새로운 명칭 자마히리야Jamāhīriyya, 즉 '대중 공화국'이라 명명했을 때 표출되었다.

경제적 측면에서는 자본주의(미국)와 공산주의(당시의 소비에트 연방) 모두 거부하고, 사회적 평등을 달성하기 위해 부의 균등한 분배 개념을 바탕으로 한 사회주의 형태가 수용되었다.

정치 조직의 경우, 주권이 인민에게 속해야 하며 인민은 '인민위원회'라는 단체를 통해 그 권리를 행사할 수 있다. 사실 인민위원회는 카다피가 완벽하게 정치적 통제를 하기 위해 이용하던 것이다.

그럼에도 카다피는 자신을 지도자나 대통령이라고 규정한 적이 단 한 번도 없다. 권력은 인민에게 있고, 카다피는 '안내자'였다. 여기까지 들으면 《그린북》이 정치, 경제 논문 같아 보일 수 있지만, 책이 출간된 후 카다피는 이슬람에 대한 자신의 견해를 썼다고 밝혔다. 그는 모든 종교 기구를 국가의 통제하에 두었고, 쿠란을 재해석해 이슬람 신자와 엄청난 갈등을 일으켰다.

후센은 내게 당시의 이야기를 하면서, 자기처럼 젊은 사람들은 자유가 무엇인지 알기가 너무 어렵다고 했다. 후센의 세대는 전제 정권 아래에서 태어났고, 평생 그 체제 속에서 살아왔다. 이것이 무엇을 의미할까? 매 순간 **첩보 기관**이 자신과 부모님을 감시한다고 생각하며 두려움 속에서 살아야 한다는 의미다. **라이스**Rais(최고 지도자_옮긴이)의 감시를 받고 전제 정권을 비판하거나 카다피의 교리에서 지시하는 대로 살지 않으면 처벌을 받는 것이다.

후센은 어릴 때 아버지가 방 안에 혼자 있을 때도 '카다피'라는 이름을 입에 올리지 말라고 했다고 말했다. 그의 아버지는 정부의 이념에 이의나 반대 의견을 드러내는 것이 얼마나 두려운 일인지 알려주려 했다. 항상 누군가가 무엇이든 녹음할 준비를 하고, 친구든 이웃이든 염탐할 준비를 하고 엿듣고 있다는 것을 알려주려 했다. 인민의 적으로 지적되는 데 이런저런 이유가 필요한 것도 아니다. 혐의만 있어도 처형당할 수 있다.

후센은 어릴 때 본 몇 가지 장면을 기억하고 있다. 한번은 후센이 어떤 여성들이 아부살림Abū Salīm 교도소에 대해 숙덕이는 소리를 들은 적이 있었다. 카다피가 전제 정권에 반대한 사람을 수감하던 최고 보안 교도소였고, 1990년대에 그곳에 수감된 죄수가 1600명에서 1800명 정도였다. 1996년 어느 날, 카다피의 명령으로 보안군이 약 1200명을 죽인 적도 있다. 리비아에서 벌어진 학살에 대해 다들 수군대기만 했을 뿐 그 누구도 정의와 진실을 부르짖지 못했고, 누가 들을까 두려워 큰 소리로는 말을 할 엄두도

내지 못했다. 정보원을 무서워했고, 학살당한 자들과 같은 처지가 될까 봐 두려웠다.

그런데 누가 정보원이었을까? 후센은 그에 대한 이야기를 해주려고 또 다른 기억을 끄집어냈다. 그가 어릴 때 두려움이 무엇인지 알게 된 사건이었다.

몇 년 전의 어느 오후, 나와 함께 트리폴리의 해변을 거닐던 중 후센이 걸음을 멈추고 어느 건물을 가리켰다. 그리고 자신이 어릴 때 아버지가 매월 말일에 데려가던 곳이라고 했다. 건물 앞에 아이스크림 가게가 있었는데, 거기서 아버지가 아이스크림을 사주고 주차되어 있는 차들을 보여줬다고 했다. 자전거와 고가의 자동차도 있었지만, 목동과 농부의 수레도 있었고 경찰차도 있었다. 어느 날 후센이 그들이 누구인지 물었다. 그러자 아버지가 대답했다.

"우리 이웃일 수도 있고, 엄마가 아침에 장을 보러 가는 가게 주인일 수도 있고, 우리를 치료해주는 의사일 수도 있고, 또 내가 될 수도 있지. '지도자 형제'를 도와 다른 사람을 감시하고, 사람들이 무엇을 하는지 알려주고, 특히 지도자 형제에 대해 무슨 말을 하는지 알려주는 사람들이란다. 경찰에게 모든 것이 보고되고, 그런 것으로 카다피가 이 나라를 통제해. 사람들이 가족도, 아무도 믿지 못하게 만들지."

그들이 정보원이었다. 후센은 세월이 한참 지난 후에야 아버지와 함께 가던 건물이 아버지가 한 달 동안 일한 월급을 받는 곳이라는 것을 알게 됐다.

후센이 두려움과 의심이 무엇인지 알게 된 곳이 바로 그곳, 정보원의 차 앞에서 아이스크림을 먹던 곳이었다. 현재의 리비아는 그들 모두가 갖고 있던 의혹을 바탕으로 형성된 것이다.

후센은 단 한 번도 아버지가 정보원이었는지 물은 적이 없다.

10년 후,
수많은 작은 카다피

2011년 10월 카다피가 사망했다. 10년 동안 그의 시신이 어디 있는지 아무도 밝혀내지 못했다. 그는 자신이 태어난 도시 시르테Sirte에서 혁명가들에게 살해되었고, 그의 영원한 보금자리는 리비아의 과거와 현재, 미래의 망령으로 남아 있다.

내가 마지막으로 후센을 만났을 때, 트리폴리 중심가에 있는 한 카페로 갔다. 한때는 '푸른 광장'이었으나 지금은 마르티리 광장이 된 곳에 자리한 카페였다. 후센은 남자든 여자든 어린이든 누구나 참여해야 하는 퍼레이드를 떠올렸고, 카다피가 혁명 초반에 그곳에서 했던 마지막 연설을 되새겼다. 카다피는 쥐를, 생쥐를 사냥할 것이라고 외쳤다. 무기를 들고 자신에게 대적해 거리에 침략한 혁명가들을 그렇게 불렀다.

"나는 너희를 1센티미터씩, 방 하나하나, 한 집 한 집, 골목골목, 한 사람 한 사람 다 잡아낼 것이다."

푸른 광장에서 카다피는 그렇게 외쳤다.

그런데 반란이 일어난 이유는 무엇이었을까? 이 질문에 답하려면 어느 날 후센이 들었던 그 수군거림이 있었던 때로 돌아가야 한다.

2011년 2월 17일, 튀니지와 이집트에서 맹위를 떨치던 혁명('아랍의 봄'이라 불리는 혁명)의 여파로 키레나이카Cyrenaica 제1의 도시인 벵가지Bengasi에서 최초의 시위가 일어났다. 이 반란을 유발한 사건은 1996년 아부살림 교도소 학살의 희생자 가족을 대변하던 변호사이자 인권 운동가가 체포된 일이었다.

중요한 것은 이 혁명이 여성 혁명이라는 점이다. 학살에서 사망한 사람들의 어머니와 누이, 아내들이 무려 15년의 세월이 지난 후에 저항을 시작한 것이다. 저항이 시작된 이후 군인들까지 합류했고, 반란군은 지역 정권의 중심지를 장악하는 데 성공했다. 2월 25일, 키레나이카가 반란군의 손에 들어갔고, 트리폴리타니아는 아직 카다피 전제 정권의 통제하에 있었다. 이미 도화선에는 불이 붙었고 다른 도시에서 새로운 시위가 일어났다.

이렇게 폭동이 번져가자 카다피는 난폭하게 대응했다. 군대는 민간인이 있는 지역까지 무차별적으로 폭격을 하기 시작했고, 시위대와 정권에 반대하는 자들을 체포하고 잔인한 살해와 납치, 즉결 처형 등을 자행했다. 얼마 후 나토에서 반란군을 지원해 시르테에 고립된 라이스와 그 주축 세력을 물리쳤고, 결국 카다피는 시르테에서 살해됐다.

후센은 그 시기의 문제가 아직 남아 있다고 했다. 누군가 "카다피의 시신은 어디 있나?"라고 물으면 사람들은 수군거리기만 한다. 모두 알지만, 알아도 모르고, 누구도 말하지 않는 것이다. 모든 비밀이 그렇듯, 비밀은 입에서 입으로, 이 집에서 저 집으로 떠돌고 나중에는 전설이 된다.

"어쩌면 카다피는 죽어서도 살아 있을 때처럼 전설적인 기억으로, 두려움의 흔적으로 자신을 남기고 싶었는지도 몰라요."

풀리지 않은 비밀 속의 죽음. 그러나 카다피 전제 정권의 몰락이 낳은 가장 큰 문제는 이 정권을 축출한 무장 민병대가 만든 혼란이었다. 카다피 정부의 창고에 있던 모든 무기를 소유하게 된 무장 단체가 혁명 후 더 많은 권력을 취하기 시작한 것이다.

그날 후센이 한 말은 리비아에 대한 내 생각을 지배했다. "이전에는 카다피에 시달렸고, 그가 사망한 후에는 수많은 작은 카다피를 상대해야 했어요."

그의 말이 옳았다. 수많은 무장 단체가 현재 리비아의 실질적인 권력을 쥐고 있고, 가스관이 시작되고 이민자들이 출발하는 영토와 무기도 장악하고 있다. 이들은 국가 관리들을 매수하려 하고, 이것이 불가능해지면 무력으로 자신들의 부정에 동조하게 만든다.

"10년째네요."

후센이 말했다.

"우리는 두 가지 유령과 10년째 싸우고 있어요. 우리의 과거와 미래를 조작한 카다피의 망령, 그리고 카다피 같은 존재가 되기를 바라지만 그보다 훨씬 위험한 민병대 지도자의 망령이죠."

10년 전 전제 정권이 몰락했을 때부터 민병대의 관리는 리비아에서 공공연한 문제였다. 혁명 후 무장 단체들은 군대와 마찬가지로 국방부와 내무부로부터 재정 지원을 받았다. 국고는 부풀려진 청구서와 허위 신고를 기반으로 임금을 지불했고, 이로 인해 여단의 지도자와 그들과 손잡은 정치인의 부가 축적되었고,

아일랜드 더블린에서 열린 반카다피 시위

ⓒ William Murphy

2011년 6월, 리비아 벵가지 진행된 반카다피 시위

ⓒ Mbi3000

그 돈의 일부는 중화기(박격포, 곡사포, 평사포, 중기관총 등 화력이 강하고 무거운 화기_옮긴이)에 투자됐다. 2014년 쿠데타와 분단 이후, 이러한 재정 옵션은 사라지고 임금이 삭감됐다. 그러자 민병대는 다른 자금 조달 방법을 찾으려 했다. 공갈과 뇌물, 갈취, 절도 등이 그들이 찾은 방법이었다.

이제까지 리비아에서 배턴을 이어받은 정부 중 그 어떤 정부도 민병대를 국가 구조로 통합하지 못했고, 그사이 민병대는 국가의 모든 전략적 결합지와 항구와 공항, 석유 터미널, 무기 창고, 병영, 다리, 도로 등의 설비를 통제했다. 정부는 무장 단체를 필요로 하는 동시에 두려워했다. 이들은 이탈리아의 마피아처럼 불법 밀매(인신매매를 비롯해 무기와 연료 밀매)의 우두머리 역할을 하는 동시에, 관공서와 정부를 손에 넣는 방법을 익히게 된 것이다.

수용소와 이주 경로

리비아 법에서는 신분증이나 취업 허가 없이 입국하는 사람은 수용소에 구금된다. 리비아에는 내무부에서 관리하는 공식 수용소 외에 또 다른 불법 수용소가 있다. 이 불법 수용소는 무장 민병대에서 통제하고 이주민을 고문하고 협박하는 데 사용된다. 이 두 수용소의 차이를 설명해준 사람은 트리폴리에서 만난 경찰관이었다. 그 경찰관과 이야기를 하면서 혼란스러운 나라에서는 선과 악의 차이가 흐릿하다는 것을 알게 됐다.

그 경찰관은 이브라힘이었고, 수용소를 관리하는 부서에서 일했다. 내가 일을 하려면 몇 가지 허가를 받아야 해서 내무부에 갔는데, 대기하는 동안 이브라힘이 카다멈 커피를 권하며 상황을 설명해주었다.

"정부에서 통제하지 않는 감옥이 수십 개는 됩니다. 그런 곳은 세력이 강한 무장 민병대가 관리하는데, 이중으로 이익을 취하고 있어요. 한쪽으로는 이민자들을 관리하고, 그들을 위한 음식과 물, 옷을 구입하는 데 필요하다며 내무부에게 돈을 요구해요. 다른 한쪽으로는 인신매매를 직접 관리하고, 감옥은 밀항을 떠나기 전에 이민자들을 숨겨두는 장소로 이용하죠. 이 민병대는 인신매매단의 오른팔입니다. 인신매매단을 보호하고 숨겨주고 그들을 위해 더러운 일을 해요. 불법 이민자들을 체포하는 척하고 자기들 수용소에 가둬놓고 물도, 음식도 주지 않습니다. 오히려 이민자들이 가진 돈을 빼앗고 알콤스Al Khoms 지역으로 데려가 해안경비대 쪽과 공모해서 고무보트를 태워 보내죠. 우리는 이 수용소에 대해서는 권한이 없어요. 살해당할 위험이 있어서 근처에 갈 수도 없어요."

나는 그날 바로 허가를 받았고, 트리폴리 근교에 있는 살라후딘Salahuddin 수용소를 방문했다. 수용소는 창고 같았는데 수용된 인원은 160명이었다. 예전에는 결혼 피로연장으로 사용하던 넓은 방이었다. 수용소장의 말에 의하면 그 방에 최대 720명까지 들어갈 수 있다고 했다. 그 많은 인원이 들어가 있는 모습을 상상해 보려 했는데, 말도 안 되는 일이었다.

방 옆에는 여섯 개의 욕실이 있었다. 그 많은 인원을 감당하기에는 너무 부족해 보였다. 바닥에는 수백 개의 매트리스가 차곡차곡 쌓여 있었다. 빛이라고는 벽 꼭대기에 있는 작은 창문으로 스며드는 정도였고, 공기도 부족해 숨이 막혔다. 수용실은 자물쇠를 채운 거대한 철문으로 외부와 차단되어 있었다. 이민자들은 수용실 안에서 식사를 받았고 햇볕을 쐬거나 맑은 공기를 마시러 밖으로 나올 수 없었다. 의사도 없고 약도 없다고 수용소장이 말했다.

한쪽 구석에 니제르에서 리비아로 온 오이스만이라는 26세의 청년이 바닥에 누워 있었다. 오이스만은 결핵을 앓고 있지만, 리비아 병원에서는 몇 주째 치료를 거부하고 있다. 치료를 받으려면 돈이 있어야 하는데 오이스만은 빈털터리였기 때문이다. 그의 안색에는 허기와 질병이 그대로 담겨 있었고 혼자서는 서 있지도 못했다. 그와 같이 온 동포의 말을 들어보니 오이스만은 지중해를 건너려고 세 번 시도했고, 매번 인신매매범에게 돈을 지불했지만 고무보트가 리비아 해안경비대의 단속에 걸려 트리폴리 해안으로 돌아왔다. 마지막에는 해변으로 끌려와 연행되어 살라후딘 수용소로 이송돼 병이 든 채 바닥에 누워 나와 만난 것이다.

"도망치려는 사람의 운명은 이런 거예요."

오이스만의 친구는 더 이상 화도 나지 않고 그저 체념과 슬픔만 가득해 보였다.

"우리는 인신매매범의 상품이 되거나 이 감옥에서 죽을 거예요. 아무도 우리를 신경 쓰지 않아요."

한 달 후, 그가 수용소에서 사망했다는 소식을 들었다. 의사가 방문한 적도 없었다. 지금까지도 그가 어디에 묻혔는지, 가족들이 그가 죽었다는 사실을 알고 있는지조차 모른다.

트리폴리에서 100킬로미터 떨어진 위치에는 알콤스 수용소가 있다. 트리폴리와 알콤스Al-Khums, 이 두 도시를 연결하는 도로는 지역 민병대와 경찰의 무장 충돌로 수많은 사망자가 발생해 리비아에서 손꼽히는 위험 지역이다. 알콤스 지역이 이민자들을 태운 고무보트의 대부분이 출발하는 곳이라 인신매매범들이 경찰을 압도해서라도 이 해안 지역을 장악하려 하기 때문이다.

내가 알콤스에 처음 갔을 때, 지역 민병대가 가라불리Garabulli라는 이름의 도시에 있는 수용소를 점령해 고무보트를 타기 위해 대기 중인 이민자들을 수용하려 하고 있었다. 이들은 이 공식 수용소를 점령해 인신매매를 위한 수많은 비공식 수용소로 만들려 했고, 이 계획을 이루기 위해 경찰과 공식 수용소 관리인을 매수하려 했다. 그리고 계획대로 되지 않으면 즉시 무기를 동원하려 했다.

당시 알콤스 수용소는 아무것도 없는 곳에 쌓인 시멘트 더미 같았다. 안으로 들어가 오른쪽 방에는 여성들이 있었고, 왼쪽에는 남성들이 수용돼 있었다. 모든 방에는 걸쇠로 잠근 철문이 달려 있었다. 전기도 없고, 모든 수용자가 마시기에는 물도 턱없이 부족했다. 당시 정부에서는 수용소 직원이나 경비원에게 임금을 지불하지 않았고, 식품 공급자에게도 돈을 주지 않아 먹거리조차 오지 않을 때도 많았다.

수용실은 꽉 차 있었다. 손바닥만 한 방바닥에 담요만 몇 장 깔아놓고 열 명이 잠을 자기도 했다. 남성 수용실 쪽에서는 배수구가 터져 배설물이 바닥으로 흘러나오고 있었다.

40명의 여성이 사는 방에 들어가니 혼자 온 미성년자도 몇 명 있었다. 아이샤트Aishat는 열여섯 살이었고 코트디부아르에서 온 소녀였다. 아이샤트도 이미 한 번 밀항을 시도했으나, 얼마 가지도 못하고 해안경비대에게 발각돼 되돌아왔다.

나는 아이샤트에게 밀항할 때 이야기를 들려달라고 했다.

"고무보트에서 너무 무서워 하나님께 기도했어요. 언젠가는 멋진 미래가 펼쳐질 거라는 꿈과 희망이 버티게 해줬어요. 하지만 매일 이 안에서 지내다 보니 그 한 조각의 희망도 죽어가고 있어요."

리비아의 미래와 기억

리비아 사람들이 미수라타Misurata에 오는 사람들에게 가장 먼저 보여주는 것은 카다피에 반대한 민병대가 세운 전쟁 박물관이다. 나도 마찬가지였다. 전쟁 박물관은 미수라타를 가로지르는 트리폴리 거리를 따라 자리 잡고 있다. 맞은편 건물에는 평화를 상징하는 올리브나무를 물고 있는 비둘기가 그려져 있다.

박물관 주위에는 10년이 지난 지금까지도 전쟁의 흔적이 남아 있다. 시설물은 포탄을 맞은 구멍투성이였고 벽도 지붕도 없는 집, 금속판으로 구멍을 막아놓은 박격포탄이 널려 있었다. 건물 계단은 위층이 무너져 올라갈 곳이 없어 무용지물이 되어 있고,

낮은 건물은 미사일을 맞아 구멍이 뚫려 있었다.

작은 공장과 고급 자동차 판매점 사이에 2011년 혁명 기념관이 우뚝 서 있다. 전에 그곳에 갔을 때는 무엇 때문에 불편한지 알 수 없었지만, 몇 년이 지난 후에는 알 수 있었다. 이름 때문이었다. 혁명가들이 2011년 기념관을 '전쟁 박물관'이라 불렀던 것이 불쾌했던 것이다. 그들은 평화나 안정, 혁명 박물관, 그런 식의 이름을 좋아했다. 아니, 전제 정권의 몰락을 축하하고 기념하기 위해 전쟁 박물관이라고 불렀다.

외부에는 탄약 상자와 0.5톤짜리 폭탄, 미사일, 박격포, 수류탄, 러시아 탱크 등 전투에 사용된 물품들이 보였다. 리비아 사람들이 박물관에 갖다 놓은 것은 민병대의 전리품이었다. 군사 기념품만 있는 것이 아니라, 카다피의 개인 소장품인 매그넘 357 권총과 가죽 부츠, 돌격소총, 금색 칠을 한 조각이 박힌 초록색 벨벳 의자도 전시돼 있다. 그리고 문과 실내 벽에는 2011년 전투 희생자(혁명 순교자)와 아부살림 재소자들의 사진 4000장이 걸려 있다.

몇 해 전부터 나는 전제 정권의 희생자들과 혁명 전사들의 사진이 승리의 징표로 갖다 놓은 카다피의 왕좌 주위에 걸려 있는 모습이 리비아의 모순이라고 생각했다.

혁명 후 10년이 지난 지금, 새로운 리비아를 기념하기 위한 박물관이었어야 하는 이곳이 카다피 전제 정권에 대한 향수를 불러

일으키는 장소로 느껴진다.

정치적 안정을 찾기 위해 노력하지만, 평화를 얻기 위한 외교적 시도와 영원히 끝나지 않을 것 같은 내전 속에서 끊임없이 혼란을 겪고 있는 나라의 상처를 모두 드러내는 전시회 같았다.

리비아 요약 연대표

1911년
이탈리아가 리비아를 식민지화함.

1951년
유엔의 지시에 따라 리비아가 독립.

1959년
리비아에서 석유 발견.

1969년
리비아 자유장교단의 쿠데타. 무아마르 카다피가 권력 쟁취.

1990년
유엔 측에서 리비아를 통상정지시킴.

2011년
리비아 아랍의 봄. 카다피 전제 정권 무너짐.

2012년
60년 만의 첫 선거.

2014년
쿠데타 발발 및 국가를 두 개의 의회로 분리. 제2차 리비아 내전 시작.

2022년
새로운 선거에서 리비아를 이끌어 갈 과도기 정부 탄생.

용어 해설

식민지 오래전부터 영토 내에서 살아온 주민(원주민)에게 통제권이 있는 것이 아니라 주로 멀리 떨어져 있는 국가가 통제하는 영토를 말한다. 이러한 통제권은 경제적, 군사적, 정치적인 관점 등에서 다양한 방식으로 행사될 수 있다. 역사적으로 한 국가의 식민지화는 외부 세력의 침략에 반대하는 원주민을 살해하는 등 거의 폭력적인 방식으로 이루어졌다.

독재 정권 혹은 전제 정권 모든 권력이 한 사람, 즉 독재자의 손에 들어가 있는 정부 형태를 말한다. 권력이 아무런 장애물 없이 행사되고, 법률이나 정당(일반적으로 단독 정당), 헌법이 없거나 있다고 해도 독재자의 통제를 받는다.

굴착 석유를 추출하는 방식이다. 석유를 찾기 위해 땅에 구멍을 뚫는 것이라서 다양한 깊이, 다양한 지름으로 굴착할 수 있다. 굴착은 바다에서도 이루어지는데, 해저에 구멍을 뚫어 에너지 물질을 추출한다.

첩보 기관 국가의 보안을 지키기 위해 정보를 수집하는 군사, 혹은 민간 조직이다. 수집된 모든 정보는 다른 국가와 자국의 시민이 모두 해당될 수 있으며 '적'일 가능성이 있다고 간주될 수 있다. '첩보 기관'이라 부르는 이유는 이들의 활동이 비밀에 싸여 있고 대중이 접근할 수 없기 때문이다.

라이스 Rais 지도자를 의미하는 아랍어 Ra'īs에 기원을 둔 용어. 주로 아랍계 쪽에서 대통령을 지칭할 때 사용된다.

5 ISIS가 지나간 자리, 미래를 찾는 사람들

이라크

아르메니아
튀르키예
시리아
이란
바그다드
요르단
이라크
쿠웨이트
페르시아만
사우디아라비아

지도 속의 이라크

이라크는 내 여동생이 사는 곳이다. 서른 살의 마르티나는 문화매개Cultural Mediation(문화예술과 대중이 거리를 좁히고 친밀한 관계를 맺을 수 있도록 하는 활동_옮긴이)에 대한 공부를 한 후 인도주의 단체에서 일하기로 결심하고 그 시작을 이라크로 정했다. 이라크 쿠르디스탄Kurdistan에 있는 아르빌Arbil에서 산 지 벌써 4년째다. 그녀가 일하는 인문주의 단체는 수년 전부터 이라크 수용소에서 살고 있는 시리아 전쟁 난민을 지원하고, 국내 실향민, 즉 전쟁이 훑고 지나간 지역에 살다가 집을 잃은 이라크 시민을 돌보고 있다.

내가 마르티나를 보러 갈 때마다 자신의 능력과 열정을 취약한 사람들을 위해 사용하기로 결심한 수많은 젊은이를 만난다.

나보다 열두 살이나 어리지만 마르티나가 그 세계에 대해서는 내게 가르쳐줄 것이 무척 많으리라 생각하게 된다. 전쟁이 끝난 지 몇 년이 됐지만 아직도 그 후유증을 겪고 있으니 말이다. 그들의 전쟁은 영원히 끝나지 않을 것이다.

이라크가 내게 가르쳐준 것이 바로 이것이다. 종전이 선언돼도 전쟁은 끝나지 않는다. 임무를 완수하고 승리를 획득했다고 끝나는 것이 아니다. 전쟁은 요란한 소리가 나지 않을 때 드러나는 고통이다. 나는 그렇게 배웠다. 시간이 흐른 후에 요란스럽게 싸우고 있을 때의 전쟁을 관찰하는 것보다 나중에 그 여파를 들여다봐야 한다고 말이다.

이라크에 대해 말하려면 언제나 따라다니는 첫 번째 질문, '우리는 어디에 있는가?'로 시작해야 한다. 이라크는 서아시아 국가이며 수도는 바그다드Baghdad다. 북쪽으로는 튀르키예와 접하고, 동쪽으로는 이란, 남동쪽으로는 쿠웨이트, 남쪽으로는 사우디아라비아, 그리고 서쪽에는 시리아와 요르단이 있다. 인구는 약 4500만 명이고 면적은 438제곱킬로미터다.

20세기에 이라크에서 일어난 일을 설명하기는 쉽지 않다. 우선 가장 먼저 살펴야 할 것은 이 나라가 여러 소수 민족으로 분단돼 있고 수니파와 시아파와 같이 다양한 종교 공동체가 있다는 것이다.

1936년 이라크에서 아랍 국가 역사상 처음으로 쿠데타가 일어났다는 점을 생각해보자. 당시 이라크는 영국의 위임 통치하에 있었고, 외국의 점령에서 벗어나고자 하는 사람들이 많았다. 이 쿠데타 이후로 수많은 쿠데타가 이어졌고, 이를 통해 우리는 이라크가 얼마나 불안정한지 파악할 수 있다. 불안정의 이유는 일부는 다양한 인종 및 종교 공동체로 인한 것이고, 일부는 석유와 관련된 경제적 이익에서 비롯된 것이다.

이 나라의 역사에 대해 조금이나마 설명하려면 1년 전 내가 방문했을 때부터 시작하는 것이 좋겠다.

✦

살람,
돌아온 평화

2021년 3월 프란치스코 교황이 모술Mosul에 도착했다. 이라크 도시 모술은 2014년 여름 **ISIS*** 무장조직이 자칭 이슬람 칼리프 국가의 수도로 선포한 곳이었다.

내가 이라크에 다시 간 이유가 그 때문이다. 나는 모술에 가본 지도 오래됐고 2017년 이 도시를 해방으로 이끈 전쟁을 오랫동안 따라다니고 있었다. 전쟁이 이어진 몇 개월 동안 너무 많은 상

키워드

ISIS

ISIS는 Islamic State of Iraq and Syria, 즉 '이라크·시리아 이슬람 국가'의 약자다. 2003년 이라크 전쟁이 끝나고 사담 후세인Saddam Hussein의 전제 정권이 전복된 직후인 2003년, '이슬람 수니파 극단주의 무장조직'인 알카에다'가 설립되었다. 이후 아부 바크르 알바그다디Abu Bakr Al-Baghdadi가 이끄는 세력이 알카에다와 갈라서면서 ISIS가 되었고, 2014년 시리아의 이라크 일부 지역을 점령하고 '이슬람 칼리프 국가' 수립을 선언했다. 또한 2015년부터는 ISIS 추종자들이 유럽 전역에 공격을 가하기 시작했고, 이때부터 ISIS를 상대로 한 서구의 공격이 시작됐다. 현재는 세계 곳곳에 이들의 추종 세력, 연계 세력이 일부 남아 있다.

처를 남겼고, 겨울에 시작해 여름에 끝난 길고 잔인한 전쟁이었다. 참고로 이라크의 여름은 기온이 50도까지 오른다. 내가 그곳에서 담아온 마지막 이미지는 폐허가 된 구시가지의 잔해와 그 속에서 살아남은 생존자들이었다.

모술의 구시가지에서는 마지막 몇 주 동안 도시를 탈환하기 위한 격렬한 전투가 벌어졌다. 이곳은 ISIS가 건축학적 지형 때문에 최후의 거점으로 삼으려 선택한 지역이었다. 좁디좁은 도로와 작은 골목길에서 군사 작전을 벌이는 것이 얼마나 위험하겠는가. ISIS 전투원들은 구시가지에 수많은 민간인을 가둬놓고 방패로 사용했다. 여자, 남자, 어린아이를 구분하지 않고 총알받이로 세워두고 자신을 보호했다. 수천 명의 사람을 인질로 잡고 있으면 자신들을 무찌르려는 이라크 정규군이 이 지역으로 진격하기가 어려워진다는 것을 알고 있었다.

모술 해방을 위한 전쟁이 막바지에 이르렀을 때, 구시가지에 남아 있는 잔해에서 간신히 밖으로 빠져나온 시민들은 몇 개월 지옥에 떨어져 있다가 기어 올라온 듯한 모습이었다. 얼마나 먹지 못했는지 허기와 목마름의 흔적이 온몸에 드러나 있었다. 엄마와 오빠의 손을 잡고 있던 여덟 살짜리 소녀는 며칠 동안 조금 남아 있던 물에 녹인 향신료만 먹었다고 했다.

남자도 있고 여자도 있고, 노인들은 한 발짝 옮길 기운도 없어서 젊은 사람들의 부축을 받으며 끌려 나왔다. 어린아이들은 유년 시절을 빼앗겨버렸다.

이것이 내가 기억하는 그 전쟁의 마지막 모습이다. 어린아이 둘을 작은 나무 상자에 태우고 줄을 매달아 끌고 다니면서 눈물을 흘리며 마실 것을 구걸하는 어머니의 모습도 보았다.

열다섯 살쯤 된 것 같은 소녀가 자신이 살던 집에서 건진 가장 귀한 물건은 책이었다. 군인들의 발 앞에 쓰러진 노인이 던진 단 한 가지 질문은 "왜 이렇게 된 건가요?"였다.

4년 후인 2021년 프란치스코 교황의 방문을 위한 준비가 한창인 모술을 보니 무척 감동스러웠고, 수많은 시련으로 상처를 입은 나라도 재난의 잔해 속에서 그들만의 정신을 지켜 현재까지 이어올 수 있다는 희망을 품게 되었다.

나는 모술에 도착해 가장 먼저 '시간의 성모' 교회, 아랍어로 '알사아Al-Saa'a'라고 부르는 교회를 방문했다. 교회 지붕에는 기독교 정신의 존재를 나타내는 종탑과 이슬람 존재의 상징인 첨탑이 보였다. 이 종탑과 첨탑은 서로에게 미소를 지어 보이는 것 같았다. 5시가 조금 넘었을 때 도착했는데, 중동에서는 빛이 그림자를 드러내고 감정을 한데 모으는 시간이다. 교회 지붕 위에는 근심만큼 희망도 있고, 폐허와 재건축을 동시에 볼 수 있다. 그리고 기독교 군인과 무슬림 군인이 함께 있었다.

올리비에 포키용Olivier Poquillon 신부는 그곳에서 아무 말 없이 잠깐 나를 내버려두었다.

"보고 들어보세요."

신부가 말했다. 그곳의 색과 소리는 수많은 공동체를 하나로 묶기도 하고, 때로는 갈라놓을 수도 있었다. 잠시 후 신부가 구시가지에 함께 가자고 했다. 하얀 사제복을 입고 잰걸음으로 걸었다. 교황의 모술 방문 시간이 얼마 남지 않았는데 마주치는 사람마다 길을 막고 사진을 찍으려 하고, 아이들에게 덕담을 해달라고 부탁했다.

"살람 알라이쿰Salam aleikum, 신부님."

한 남자가 신부에게 아들을 안아달라고 맡기며 말했다.

"살람 알라이쿰, 아들이여."

신부가 되받아 인사를 하고 아이를 안았다.

올리비에 신부는 2003년부터 2004년까지 모술에서 살았고, 이 나라를 떠났다가 전쟁으로 피난을 간 사람들을 데려와야 하는 평생 가장 어려운 임무를 맡아 15년 만에 다시 돌아왔다. 특히 살해당할 것이 두려워 2014년에 이 도시를 떠난 기독교 공동체의 생존자를 데려와야 했다.

말하자면 공동체의 일원을 한데 모으려 온 것인데, 교회의 재건을 감독하기 위해, 적어도 전투 후에 남은 잔재라도 되살려보기 위해 온 이유도 있다.

신부는 함께 고통받는 것은 책임을 나누는 것을 의미하며, 재건은 단순히 벽돌 위에 벽돌을 쌓는 것이 아니라, 사람들을 고향으로 돌아오도록 "가장 아름다운 양탄자를 만들기 위해 실을 짜

2021년 3월 모술을 방문해, 이라크와 중동의 모든 전쟁 희생자들을 위한
기도를 하는 프란치스코 교황

는 일"이라고 말했다. 신부는 기독교인과 무슬림 모두 고향으로 돌아와 다 함께 살도록 할 것이다.

시간의 성모 교회는 이라크 북부, 티그리스강 서쪽 연안의 모술에 있는 로마 가톨릭 교구의 거점이었으나, 2014년 ISIS가 밀고 들어와 건물을 파손하고, 6000권이 넘는 책을 소장하고 있던 고대 도서관을 약탈했다.

ISIS의 통제 기간 중 수많은 예배소가 파손되었다. 2014년 6월부터 2017년 6월까지 수니파 사원과 모스크를 포함해 40개가 넘는 건물이 ISIS에 의해 의도적으로 파손되었다.

그러나 시간의 성모 교회는 손상만 입었을 뿐 완전히 무너지지는 않았다. ISIS가 군사 기지로 사용하려 했기 때문인데, 누군가는 이곳이 재판소 자리였고 고문이 있었던 곳이라고 증언했다. 믿을 수 없지만 실제로 이 교회는 살아남았다. 다른 기념비나 예배 장소는 공중분해됐지만 이 교회만큼은 남겨두었다.

올리비에 신부는 이 교회에 나폴레옹 3세의 아내 외제니 황후의 선물인 메소포타미아 최초의 시계가 보관되어 있다고 설명했다. 그뿐 아니라 이곳에 메소포타미아 젊은 여성들을 위한 최초의 학교가 설립되었고 최초의 인쇄 공장도 있었다.

"이 교회에서 쿠르드어 문법과 최초의 아랍어 성경이 인쇄됐어요."

신부와 나는 다시 교회 옥상에 올라가 몇 시간 동안 이야기를 나눴다. 교회 아래쪽으로 2014년 ISIS 전투원들이 모술에 진입했을 때 그들의 지도자인 아부 바크르 알바그다디가 설교했던 그 유명한 알누리 모스크Nuri Al-Mosque 자리가 보였다. 아부 바크르는 연설에 모인 무슬림 신자들에게, 자신에게 복종할 것을 명령하고 스스로를 시리아에서 이라크까지, 즉 알레포Aleppo 지방에서 디얄라Diyala 지방까지 확장된 영토의 '칼리프'라고 선언했다. 아부 바르크가 선포한 칼리프 체제는 2016년 말, 피비린내 나는 해방전쟁이 시작되던 날까지 이어졌고, 이 해방전쟁은 9개월 동안 지속되면서 이라크 제2의 도시를 파괴하고 9000명의 사망자를 냈다.

프란치스코 교황이 모술을 방문한 2021년 3월, 그곳에 모인 인원은 기독교 가족 50가구밖에 되지 않았다. 2014년에는 500명 정도였다. 도시 일부가 여전히 폐허이기도 했고, 정부의 보호를 믿지 않아서 고향으로 돌아오지 않은 사람들이 많았다.

올리비에 신부는 자신이 그곳에 있는 이유는 건물을 재건하기 위해서이기도 하지만, 무엇보다 다시 공존하게 만들기 위해, 말하자면 그곳에 있던 사람들을 머물게 하고 떠났던 사람들이 돌아오게 하기 위해서라고 했다.

"재건축은 처음에는 사회적이지만 나중에는 그저 물질에 지나지 않죠."

신부가 말했다. 신부는 수 세기 동안 여러 공동체를 수용했고, 전쟁에서 입은 상처를 드러낸 채로 계속 남아 있는 영혼을 지키기 위해 그곳에 있었다.

프란치스코 교황의 방문 일정 마지막 날, 무슬림과 기독교인, 야지디족을 비롯해 테러로 인해 사망한 사람들, 전쟁의 희생양들을 위해 기도했다.

"주님, 이 도시에서 우리는 주님 곁에 있고자 하는 인간의 영원한 갈망의 흔적 두 가지를 봅니다. 하나는 알하드바 첨탑이 있는 알누리 모스크이고, 또 하나는 100년 동안 행인들에게 인생이 짧고 시간은 귀하다는 것을 상기시켜주는 시계가 있는 시간의 성모 교회입니다."

프란치스코 교황은 알타헤라Al-Tahera(이 교회도 ISIS에서 감옥으로 사용했다) 교회 벽 앞에서 이런 말씀을 전했다. 그리고 내 동생이 사는 이라크 쿠르디스탄의 수도 아르빌에서 마지막 미사를 거행하기로 했다. 아르빌은 예전에는 시리아 전쟁을 피해 온 수십만 명의 피난민을 받아주었고, 나중에는 ISIS가 침략한 니네베 평원 지대에서 온 수천 명을 또 받아들였다.

그날 오후 경기장에서 교황의 목소리는 이탈리아어와 쿠르드어, 아랍어, 시리아어 등 여러 언어로 울려 퍼졌다. 언어 자체도 교황이 이 나라에 전하는 메시지의 일부였기 때문이다. 그날의 메시지는 이런 결론을 맺었다.

"사랑하는 이 나라를 위해 기도합니다. 여러 종교 단체의 구성원들이 선한 의지를 가진 사람들과 모두에게 봉사하기 위해 함께 연대하고 협력하기를 기도합니다."

모두에게 봉사하는 연대. 프란치스코 교황은 일정을 끝내고 이라크를 떠나기 전, 신자들을 바라보고 '살람'이라는 말을 세 번 외웠다. 그것은 '평화'를 뜻하는 말이다.

살람. 살람. 살람.

✦

알리 알바루디,
ISIS **생존자**

모술은 전쟁과 평화에 대해 수많은 것을 배운 도시다. 그곳에서 만난 사람들과 친구가 되었고, 멀리 떨어져 있어도 항상 마음속에 품고 있었다. 그중에는 알리 알바루디Ali Al-Baroodi가 있다. 내가 모술에서 그를 만난 것은 전쟁이 끝난 후인 2019년이었다. ISIS가 도시를 장악하기 전에는 모술 대학교의 영문학 교수였으나 내전 후부터는 사진을 찍기 시작했다.

내가 그에게 자신을 어떻게 생각하는지 묻자 이렇게 말했다.

"생존자죠."

그의 과거에 가장 가깝게 느껴지는 말이었다.

"생존자는 도망치지 않아요."

이 말은 그의 현재에 가까운 표현이었다.

알리는 3년간의 점령기 동안 모술에서 도망치려 하지 않았다. 그는 모술에서 나고 자랐고, 칼리프 체제가 선포된 2014년 여름이 오기 전 7년 동안 대학에서 영어를 가르쳤으며, ISIS의 통치를 경험했다.

그는 전쟁 후 제자들을 다시 만났을 때 그제야 숨을 쉴 수 있었다고 했다. 그는 두 개의 강둑을 가로지르는 수도관 위에서 균형을 잡으며 티그리스강을 따라 걸었다. 생존자라는 상황이 그를 무적으로 만들어주었는지 단 한순간도 주춤거리지 않았다. 운하와 배수관 끝부분에서 걸음을 멈추고 모술 구시가지의 잔해들이 오후 햇볕을 받아 호박색으로 물든 모습을 바라봤다. 폭격으로 무너져 산산조각 나고 검게 그을린 해골 같은 건물의 폐허 속에 건물 세 채가 솟아 있었다. 하나는 모래색, 하나는 파란색, 나머지 하나는 이끼 같은 초록색이었다. 구시가지에 돌아온 사람들의 집이었다. 그 폐허 아래 아직 시체들이 남아 있는데도 그들은 돌아왔다.

나는 알리에게 미래를 상상해보라고, 10년 후의 자신을 상상해보라고 했다. 그는 지금의 자신이 더 젊게 느껴진다고 했다. 누구도 ISIS가 자신에게 빼앗아 간 것을 되돌려줄 수 없겠지만, 전쟁이 끝난 후 시간에 새로운 의미를 부여하는 법을 배웠다고 했다. 경험하고 싶지 않은 것을 경험했기 때문에 다른 사람들이 보지 못하는 것을 볼 수 있게 된 것 같다고 했다.

알리 알바루디는 폭격으로 부서진 집과 황폐하게 무너져버린 건물을 보며 슬픈 표정을 지었다. 그는 잡혀가면 고문을 당하거나 더 심하면 처형까지 당할 수 있어 수년 동안 숨어 살았다. 그리고 다시 햇빛을 본 2017년 1월 8일, 숨어 있던 지하실에서 1층으로 이어지는 계단을 올라와 빛을 본 순간이 다시 태어난 순간이라고 말했다. 지상에 올라와 그가 가장 먼저 한 일은 야외에서 차를 마신 것이었다.

2017년 해방 한 달 후, 알리는 다시 모술 대학에서 강의를 시작했다. 모술에서 동쪽으로 30킬로미터 거리에 있는 마을 바르텔라Bartella의 어느 건물에서 첫 강의를 시작했고 봄이 되자 지뢰와 불발탄이 제거된 모술 동부 캠퍼스로 돌아왔다.

ISIS 패전 후 첫 수업을 하던 날, 알리 알바루디는 강의실에 들어가 학생들에게 물었다.

"그래서 그간의 인생이 어땠나요?"

제자들이 내놓은 대답은 이러했다.

"그게 인생이었나요, 교수님?"

그들 모두 3년 동안 인질로 지냈고, 숨을 쉬는 법을 다시 배워야 했다. 다 함께. 알리의 제자들은 대부분 **미국이 이라크를 침공한*** 2003년 이전에 태어나서 전쟁과 절망, 잔학 행위를 기억하고 있다.

알리는 강단에 다시 서게 된 것이 온전히 기쁘지는 않았다. 왜냐하면 제자들의 인생에 교육보다 훨씬 더 많은 것을 재건해주어야 하고, 오랜 세월 전쟁을 겪은 젊은이들에게 그들이 진정한 부활의 씨앗이라는 것을 설명해줘야 했기 때문이다.

알리 알바루디는 자신의 유년 시절, 사담 후세인의 시대를 떠올렸다.

✦

사담 후세인의 이라크

이라크가 어떤 나라인지를 설명하려면, 일단 사담 후세인을 알아야 한다. 사담 후세인은 1979년부터 2003년까지 이라크 대통령을 지냈고, 미국에서 시작한 이라크 전쟁 중 제거된 인물이다.

사담 후세인은 티그리스강 유역의 바그다드에서 북서쪽으로

키워드

2003년 미국의 이라크 침공

2003년 미국과 영국, 호주를 비롯한 여러 나라들이 이라크를 상대로 사담 후세인의 통치를 종식시키기 위한 전쟁을 시작했다. 이 전쟁을 제2차 걸프전이라고도 한다. 전쟁이 시작된 주요 원인은 영국과 미국 정부에서 이라크가 위험한 살상 무기를 대량 소유하고 있다고 판단했기 때문이다. 그러나 침공 후 이러한 정보는 거짓으로 밝혀졌다.

미국의 이라크 침공이 결정된 또 다른 이유는 알카에다의 지도자 중 한 명인 아부 무사브 알자르카위Abu Mussab Al-Zarqawi가 2001년 9월 11일 세계무역센터 공격 후 이라크에 숨어 있다는 의심 때문이었다. 사담 후세인이 9월 11일 공격에 가담한 것은 아니지만, 알카에다에게 미국의 추적을 피해 은신할 장소를 제공해 많은 사람의 비난을 받았다.

이 전쟁은 상당히 논란이 많았고, 당시 영국 총리 토니 블레어와 미국 대통령 조지 부시에게도 비난의 화살이 쏟아졌다. 전쟁 중 이라크에서 사망한 미군과 연합군의 수가 4700명 이상이며, 이라크 민간인도 10만 명 이상 사망했다.

177킬로미터 거리에 있는 도시 티크리트Tikrit에서 태어났다. 후세인이 태어나기 5개월 전에 아버지가 사망했고, 뒤이어 후세인의 형까지 죽자 어머니는 스스로 목숨을 끊으려 할 정도로 괴로워했다. 후세인이 태어났을 때 그의 어머니는 갓 태어난 아들을 돌볼 수 있는 상태가 아니어서 삼촌이 데려가 3년간 대신 키웠다.

열 살이 된 후세인은 (그 사이 어머니에게 돌아와 있었다) 삼촌에게 다시 가겠다고 했다. 당시 바그다드에 사는 그의 삼촌은 독실한 수니파 무슬림이었다. 스무 살에는 사회주의적 명제를 지지하는 아랍 정당인 바트당Baath Party에 가입했다. 1년 후 압둘 카림 카심Abdul Karim Qasim 장군이 지휘하는 군대 장교들이 현대 이라크의 세 번째이자 마지막 왕인 파이살 2세Faisal II를 몰아냈다.

바트주의자들은 새로운 정권에 반대했고, 1959년 사담 후세인도 카심 총리 암살 시도에 가담했다. 사담 후세인은 한쪽 다리에 총상을 입었지만 시리아로 도망치는 데 성공했고 이후 이집트로 이주해 카이로 대학 법학과를 다녔다.

1976년, 사담 후세인은 이라크군 총사령관으로 임명되었고, 단시간에 당대 정권에서 가장 중요한 인물이 됐다. 나약하고 연로해진 이라크 대통령 아흐마드 하산 알바크르Ahmed Hassan Al-Bakr가 직무를 수행하기가 점점 어려워지자, 사담 후세인이 이라크 정부의 수장으로서 점점 더 중요한 역할을 맡기 시작했다.

이라크와 이란, 1980~1988년

1979년, 이란의 샤Shah(이란 국왕을 가리키는 말_옮긴이) 모하마드 레자 팔레비Mohammad Reza Pahlevi는 이슬람 혁명으로 전복되어 아야톨라 호메이니Ayatollah Khomeini가 이끄는 이슬람 공화국에 자리를 내주었다. 혁명 시아파 이슬람의 영향력은 이라크처럼 시아파 인구가 많은 국가에서 더욱 커졌다.

사담 후세인은 급진적인 이슬람 사상이 다수의 시아파 민중에게 급속도로 확산되면 자신의 권력에 위협이 될 수 있을 것 같아 두려웠다. 호메이니가 권력을 잡은 후, 이라크와 혁명 이란은 두 나라를 구분하는 샤트 알아랍Shatt Al-Arab 수로의 통제권을 두고 10개월 동안 소규모 전투를 벌였다.

이라크와 이란이 공식적으로 전쟁에 돌입한 것은 1980년 9월 22일이었다. 사담 후세인은 수로 문제를 구실로 삼았지만, 사실 이 전쟁은 미국과 소련, 양측의 지원을 받아 이란과 같이 이라크에서 급진적인 기류가 확산되는 것을 막으려 한 전쟁이다.

전쟁 중 이라크는 이란과 쿠르드 분리주의자들을 상대로 화학무기를 사용했다. 1988년 3월 16일, 사담 후세인은 이라크군에게 쿠르드족의 반란을 진압하라고 명령했다. 이라크는 쿠르드의 도시 할랍자Halabja를 독가스 혼합물과 신경가스로 공격해 5000명을 학살했는데, 사망자 중에는 특히 여성과 아이가 많았다.

이란은 사담 후세인의 비종교적 정부를 무너뜨리고 이라크에서 시아파 반란이 일어나기를 바라면서 1988년까지 휴전을 거부했다. 이 전쟁은 8년간 계속되면서 수십만 명의 희생자를 낳았다. 이전에 양 국가는 경제가 굳건하고 성장 가도에 있었으나 전쟁이 끝날 무렵에는 파산 지경이었다. 특히 이라크는 막대한 부채를 안게 되었다.

이라크와 쿠웨이트, 걸프전

전쟁 후 사담 후세인은 이란과의 전투가 페르시아만의 다른 아랍 국가의 이익을 위한 싸움이기도 했다고 주장하면서 쿠웨이트(이란과 8년 동안 전쟁을 치르는 중 자금을 빌렸던 나라 중 하나)에 약 300억 달러에 이르는 부채를 탕감해달라고 요구했다.

쿠웨이트는 후세인의 요구를 거절했다. 이라크와 쿠웨이트, 두 나라는 전 세계에 알려진 석유 매장량의 20%를 보유하고 있었다.

이후 쿠웨이트 왕정이 이라크 유정에서 석유를 시추하기 시작했고, 이는 두 나라 간의 긴장감을 더 악화시켰다. 당시에는 후세인 정권이 세계 대부분의 국가와 적대적이지 않았다. 후세인은 미국 국무부에 쿠웨이트의 시추에 대해 불만을 표하고 자국군을 이라크-쿠웨이트 국경에 배치시켰다.

당시 이라크에 주재하던 미국 대사 에이프릴 글래스피April Glaspie는 미국이 무력을 사용하는 것을 원치 않고 두 나라의 관계에 개입하는 것도 원치 않는다고 설명하면서 사담 후세인이 쿠웨이트와 협상하도록 밀어붙이려 했다. 이라크와 쿠웨이트는 최후의 협상을 위해 만났지만 타협을 보지 못했고, 사담 후세인이 이라크군을 쿠웨이트에 보냄으로써 걸프전이 시작되었다.

1990년 8월 2일 사담 후세인이 쿠웨이트를 침공했고, 이는 국제적 위기를 조성했다. 이 침공으로 이라크는 이미 보유하고 있던 상당한 양의 유전을 포함해 페르시아만 석유의 20%를 장악하게 되었다. 미국은 이란과의 전쟁에서는 사담 후세인을 도와줬지만, 이번에는 지원하지 않았고 오히려 유엔을 이끌어 1991년 2월에 사담 후세인을 쿠웨이트에서 쫓아냈다.

이 시기 유엔안전보장이사회에서는 미국과 소련이 협력해 쿠웨이트에서 이라크가 한동안 철수할 것을 지시하는 결의안을 승인했다. 사담 후세인은 이 철수 기한을 무시했고, 1991년 1월 미군이 주도하는 다국적군이 이라크에 미사일 공격을 시작했다.

미국과 이집트 및 시리아, 사우디아라비아를 포함해 신속하게 집결한 다국적군은 1991년 2월 사담 후세인의 군대를 쿠웨이트에서 몰아냈다. 이때 17만 5000명의 이라크인이 포로로 잡혔고, 약 8만 5000명이 사망했다.

휴전 협정 중 일부 조건은 이라크에서 모든 가스와 화학무기를 제거하고 유엔 감시단의 현장 검증을 허용하는 것이었다.

1991~2003년,
걸프전 후

미국과 이라크는 걸프전 후 계속 긴장 상태였다. 1993년, 미국은 이라크가 부시 전 대통령 암살 계획을 지원했다는 증거가 확실하다고 판단해 이라크를 공격했다. 1993년 6월 26일 바그다드의 이라크 첩보 기관 본부를 표적으로 미사일 공격을 감행했다.

유엔이 이라크에 무역금수조치를 취하며 이라크의 석유 수출을 차단하자 이라크는 매우 심각한 난관에 빠졌고, 결국 경제와 정부 기반구조가 무너졌다. 이라크를 위기에서 구한 것은 시리아 국경을 넘는 밀수와 인도적 지원뿐이었다. 1996년이 되어서야 유엔이 이라크에 한정된 양의 석유 판매를 시작할 수 있도록 허용해 음식과 약품을 구입할 수 있게 해주었다.

미국 관료들은 사담 후세인이 걸프전 휴전 협정을 위반하고 대량살상무기와 금지된 무기를 개발한다고 비난했다. 미군과 영국군의 군사 공격은 몇 년 동안 계속되었고, 그중에는 1998년 **사막의 여우 작전***도 포함돼 있다.

키워드

사막의 여우 작전

사막의 여우Desert Fox는 이라크에서 1998년 12월 16일에 시작돼 12월 19일에 종료된 군사 작전명이다. 미국과 영국이 제안한 작전으로 두 국가는 이 작전에서 동맹을 맺고 나흘 동안 이라크에 폭격을 가했다. 이 작전의 목적은 클린턴 행정부에서 위험한 적으로 간주한 사담 후세인 정권을 전복시키는 것이었다. 미국은 후세인 정권이 대량살상무기를 만들지 못하도록 이 작전이 필요하다고 단정했다. 폭격이 끝날 무렵, 이라크는 자국 땅에 대량살상무기가 있는지, 혹은 그러한 무기 생산을 위한 조건이 조성되어 있는지 조사하는 임무를 맡은 유엔 감찰단을 입국시키기로 합의했다. 그러나 대량살상무기나 무기 생산지는 발견되지 않았다.

그사이 사담 후세인 정권의 탄압은 점점 더 심해졌고, 후세인의 아들 우다이 후세인Uday Hussein과 쿠사이 후세인Qusay Hussein은 점점 강하고 난폭해졌다. 1993년부터 2001년까지 미국 대통령을 지낸 빌 클린턴은 사담 후세인이 수많은 정치적 적대 세력에 의해 무너지기를 바라며 제재 규정을 유지했다. 그러나 그런 일은 일어나지 않았다.

2001년 9월 11일 테러로 미국의 상황이 달라졌다. 2002년 1월 미국 의회에서 열린 연두교서에서 빌 클린턴의 다음 대통령인 부시 대통령은 이라크, 이란, 북한을 '악의 축'이라고 규정했다. 또한 이라크가 알카에다와 미국을 공격한 테러리스트들을 지원했다고 비난했다.

이제 2003년으로 돌아왔다. 미국이 이라크를 침공한 그날로 말이다. 알리 알바루디의 제자들이 태어나던 그때로. 그 전쟁은 어떻게 끝났을까?

이라크 정부와 군대는 3주 만에 무너졌다. 2003년 4월 초, 연합군은 이라크 대부분을 장악했다. 바그다드가 연합군의 손에 넘어간 4월 9일, 사담 후세인은 피신했고 누구도 그가 어디에 있는지 알지 못했다.

2003년 12월 14일, 이란의 이슬람 공화국 통신사IRNA에서 사담 후세인이 체포되었다는 소식을 처음으로 전했다. 이 보고는 곧바로 다른 통치위원회의 회원들과 미군 정보원, 토니 블레어 영국 총리에 의해 확인되었다.

미군은 12월 13일, '붉은 새벽Red Dawn' 작전을 진행하던 중 사담 후세인을 발견했다. 후세인은 그의 고향 티크리트 인근에 있는 농장의 지하 대피소에 숨어 있었다.

이라크 특별재판소는 사담 후세인과 그가 대통령이 되도록 도와준 사람들을 재판에 회부했다. 2006년 11월 사담 후세인은 148건의 살인 혐의로 유죄 판결을 받았다. 그리고 2006년 12월 30일 사형에 처해졌다. 다음 날 사담 후세인은 티크리트 초입에 위치한 알아우자Al-Awja 마을에 묻혔다.

알리는 자신의 유년 시절과 청소년기를 떠올리며 이란에 경제적 제재가 가해졌던 10년을 언급했다. 그 시절 사람들은 배를 곯았고, 사담 후세인 정권은 대통령 관저에서 허영을 채웠다. 알리도 올리비에 신부와 똑같이 재건은 공동체에서 출발하는 것이라고, 직접 전쟁을 경험했든(그의 제자 대부분이 해당된다), 그보다 더 나이가 많아 평화로운 이라크에 대한 기억이 조금이나마 남아 있든 전쟁의 흔적을 기억하는 젊은이들로부터 출발해야 한다고 말했다.

"세대를 나타내는 것은 전쟁과 불의예요."

어느 날 알리가 티그리스 강변을 산책하다가 말했다. 과거에도

2003년 4월 바그다드에 진입한 미군의 탱크

ⓒ U.S. Marine Corps

해당되고, 모술에도 해당되는 것이었다. 전쟁은 끝났지만 이 공동체는 여전히 상처를 입은 상태다. 누구도 미래를 설계할 수 없다.

시내에 몇 안 되는 청소년 센터가 있었지만, 알리는 그 이용과 관리에 대한 우선권이 정부에 있으리라 생각했다. 당시 알리는 승리가 선언된 후에 남은 공허함에 빠져 있었기 때문이다. 나중에는 이 공허함 속에 **근본주의**의 뿌리가 내리게 된다.

그러나 그는 매일 아침 부활의 씨앗을 심느라, 수업을 준비하느라 분주하고 새 책을 학교에 가져갔다. 우리가 만난 날 그는 제자들이 형언할 수 없는 고통을 표현하는 데 도움을 주고 싶어 강의실에서《안네 프랭크의 일기》를 읽었다.

그는 내게 도시를 재건하는 데는 시간이 걸린다고 말했다. 그러나 제자들의 마음과 심리적 안정의 재건은 확실히 그보다 더 오래 걸릴 것이다.

✦

난민 수용소

모든 전쟁의 또 한 가지 여파는 수많은 사람이 난민 수용소에서 오랫동안 살게 되는 것이다. 남자든 여자든 어린아이든 모든 것을 잃고 처음부터 다시 시작해야 한다. 나는 수년 동안 천막촌을 방문했고, 갈 때마다 사람들이 그 절망적인 상황에서도 엄청난 존엄성을 유지하는 능력에 놀란다. 내가 전쟁을 목격한 사람들, 기억을 통해 과거를 명확하게 밝힐 수 있는 사람들을 만난 것도 난민 수용소였다. 반면 말하는 것 자체를 원치 않는 사람들도 있다. 이들은 표현하지도 못하고 잊고 싶어 한다.

2019년에 만난 코드르 알리Khoder Ali의 기억 속에는 2014년부터 2017년(ISIS가 점령하던 시기)까지의 시간이 없었다. 그는 ISIS 통치 속에 살던 자신의 인생에 대해서만 이야기하지 않았다. 처형과 고문, 공개 재판과 길에서의 처벌을 떠올리고 싶지 않았다. 정복에서 해방까지의 시간이 그에게는 현재 그의 가족이 치러야 하는 오점과 같은 것으로 존재한다. 그 이유는 그의 아들 하나가 ISIS 지지자라는 비난을 받았기 때문이다.

2017년 봄 모술 남부에 있는 그의 고향이 해방된 후, 이라크 첩보 기관에서 50명을 체포했다. 모두 ISIS 지지자로 의심되는 사람들이었고, 그중에는 코드르의 아들들도 포함돼 있었다. 그중 대부분은 닷새 동안 하맘 알알릴Hamam Al-Alil 난민 수용소로 이송되었다가 키르쿠크Kirkuk에 있는 감옥에 수감됐다. 누군가 첩보 기관에 아들을 신고했지만, 누가 밀고자인지는 전혀 알 수 없었다. 경찰에게 밀고자 따위는 중요치 않았다.

불행히도 가끔은 고발이 증거보다 중요하다. 손가락질 한 번으로 인생이 끝날 수 있다.

코드르의 가족도 마찬가지였다. 그의 아들은 2년 반을 감옥에서 보낸 후에야 출소했다. 반면 작은아들은 시아파 민병대에 납치되었고 2017년부터 소식이 없다.

우리가 두 번째 만났을 때, 코드르는 나와 처음 만났던 난민 수용소에서 살고 있지 않았다. 2020년에 이라크 정부에서 수용소를 폐쇄하고 실향민들을 집으로 돌려보내야 한다고 결정했기 때문이다. 전쟁이 끝난 후 재건이 시작됐고, 바그다드에서 정치가들이 천막을 치우고 사람들을 집에 되돌려 보내야 할 때가 됐다고 생각한 것이다. 그러나 사람들은 두려웠다. 코드르처럼 수많은 사람이 협력 혐의로 기소돼 증거도 없이 감옥에서 몇 년을 보낼 수도 있었기 때문이다.

그리고 이 나라의 상황이 좋지 않았다. 이라크는 실업과 부패, 기본적인 복지의 부재 때문에 시민들은 계속 혼란 속에서 살았다. 게다가 친이란 시아파 민병대의 영향력은 시아파와 수니파 간의 긴장감을 점점 더 고조시켰다. 그러나 정부는 이러한 상황이 중요하지 않았고, 실향민들을 위한 수용소를 무려 11곳이나 폐쇄하기로 했다. 거의 3만 명의 사람들에게 타격을 준 결정이었다.

코드르와 그의 가족이 살던 집은 아직 그대로 있다. 돌아가려면 돌아갈 수도 있다. 그러나 파괴보다 더 큰 장애물이 있었다.

마을 사람들이 그들을 원치 않았던 것이다. ISIS가 군사적으로 패배한 후로 3년이 지났고, 주로 수니파 100만 명이 실향민이 되었으며, 기존의 공동체는 희생자에 대한 분노를 느끼는 자들과 ISIS 단체와 가깝게 지냈다는 오명과 수치심을 가진 가족들로 나뉘었다.

우리가 마지막으로 만났을 때, 코드르와 그 가족은 공사 중인 어느 건물에 살면서 구걸을 하며 지내고 있었다.

버려진 것들의 수용소, 제다

제다Jeddah 수용소는 끝이 보이지 않을 정도로 넓게 펼쳐져 있고, 다섯 개 구역으로 나뉘어 최대 6만 명까지 수용한 적이 있다. 2021년 내가 마지막으로 방문했을 때는 폐기물과 합판이 펼쳐져 있어 엉망이었다. 이동식 화장실 잔해와 한때는 천막이었던 플라스틱 더미가 쌓여 있었다. 아이들 무리도 있었는데, 우리가 지나갈 때 "우리는 집에 갈 수 없어요. 사람들이 싫어하거든요"라고 말했다.

이들은 버려진 것들 속에 가장 심하게 버려진 사람들이었다.

이들은 ISIS 가족들의 구역인 제5구역 사람들이었다. 예전에 살았던 마을로 돌아가는 것은 이들에게 죽음의 형벌과 같은 의미였을 것이다.

남자들은 거의 전쟁터에서 죽거나 체포됐다. 5구역에 남은 것은 어린아이와 여자들뿐이었다. 그곳에서 당시 서른일곱 살에 네 아이를 둔 로카야 칼라프 아흐마드Rokaya Khalaf Ahmad를 만났다. 그녀의 남편은 엔지니어였고 전쟁이 시작될 때까지 ISIS의 재무부에서 일하다가 전선에 나가 싸웠고, 전장에서 목숨을 잃었다. 로카야는 남편이 그들 중 한 명이었다는 사실, 남편이 어디에 소속돼 있었는지를 감추지 않았다.

전쟁이 끝나자 그녀에게도 비난이 쏟아졌다. 이웃들의 손가락질이 가족을 향했고, 로카야와 아이들은 타스피라트 탈 카이프Tasfirat Tall Kayf 감옥에서 3년 동안 지냈다. 판사가 이들을 석방시켰고 제다 수용소 5구역으로 데려왔다.

마을에 있는 이 가족의 집에는 아무것도 남아 있지 않았다. 저축해둔 돈도, 신분증도, 아무것도 남지 않았다. 로카야는 폐기물과 합판 속이라도 제다에서 사는 것이 감옥에서 사는 것보다는 훨씬 낫다고 했다. 맏아들은 2007년에 태어났다. 신분증을 잃어버려 아들을 학교에 보내지 못했고 제다 수용소에서 나갈 수도 없었다. 로카야는 자신의 운명은 내리막길에 있지만, 아들은 더

불운하다는 것을 알고 있었다. 왜냐하면 아들은 세상과 단절돼 있고, 학교에 다니지 않아 글을 읽고 쓰는 것도 제대로 하지 못하기 때문이다. 아들 앞에서 말하고 싶지는 않지만 그 누구도 ISIS의 아들을 도와주지 않을 것을 알고 있었다.

그녀는 한 나라를 재건한다는 것은 부모의 잘못이 그 자식에게 돌아가지 않게 해야 한다는 것을 의미하기도 한다고 말했다. 그 말이 맞는다. 그렇게 하지 않으면 아이들이 미래에 극단주의에 빠질 위험에 노출되기 때문이다.

이라크 요약 연대표

1979년
사담 후세인이 이라크 대통령이 됨. 이란에서는 시아파 이슬람 혁명이 발발해 아야톨라 호메이니가 정권을 잡음.

1980년
이란-이라크 전쟁이 발발해 8년간 지속.

1988년
할랍자 쿠르드를 화학무기로 학살함.

1990년
이라크가 쿠웨이트를 침략. 걸프전의 시작(제1차 걸프전이라고도 부름).

1998년
'사막의 여우' 작전 시작.

2003년
미국이 이라크를 침략함. 제2차 걸프전 시작. 사담 후세인이 '붉은 새벽' 작전 중 체포됨.

2006년
사담 후세인이 이라크 특별 재판에서 사형을 선고받고 교수형에 처해짐.

2014년
알바그다디가 스스로 이슬람 국가의 칼리프라 지칭. 모술이 ISIS의 진격에 무너짐.

2017년
모술과 이라크의 상당 부분이 ISIS의 점령에서 해방됨.

2021년
프란치스코 교황의 이라크 방문.

용어 해설

칼리프 쿠란에는 칼리프에 대한 언급이 없으나, 예언자 무함마드의 정치적, 종교적 활동을 계속하려는 시도로 탄생한 군주 정부 형태다. 칼리프의 수장으로는 움마Ummah, 즉 무슬림 공동체의 정치적, 영적 통합체를 나타내는 칼리프가 있다.

쿠르드 분리주의자 쿠르드족은 서아시아에서 온 민족으로 아랍과 페르시아, 튀르키예에 이어 중동에서 네 번째로 큰 민족 집단이다. 이들의 역사적 지역은 쿠르디스탄, 문자 그대로 '쿠르드인들의 땅'을 의미하지만, 이들의 땅은 자치 국가로 인정된 적이 없으며 오래전부터 튀르키예, 이란, 이라크, 시리아를 비롯한 여러 국가로 분리되어 대립하고 있다. 전 세계에 쿠르드인은 2000만에서 3000만 명 정도다. 쿠르드인은 20세기 내내 자신들을 억압하는 정부, 특히 이란과 이라크, 시리아 등에 반란을 일으키려 했지만, 이들의 반란은 의도했던 바는 전혀 이루지 못한 채 폭력적인 탄압을 낳았다. 예를 들어, 이란과 이라크 간의 전쟁 중 양국이 취약한 시기를 활용해 독립을 선언하려 했다. 그러나 반란은 실패하고 극단적인 폭력으로 진압되었다. 이라크의 쿠르드족은 제1차 걸프전 중 또 다른 시도를 감행하는데, 미국의 지원을 기대하며 반란을 일으키려 한 것이다. 그러나 미국이 전쟁을 포기한 뒤 이라크 정권에 제압당했다. 이라크에서 쿠르드족의 상황이 나아진 것은 정권이 무너진 후, 이라크 쿠르디스탄에 대한 독립을 어느 정도 이뤄냈을 때지만, 이마저도 사회적, 경제적 조건이 개선된 것은 아니었다.

화학무기 전쟁에서 적을 공격하거나 죽이기 위해 사용하는 무기의 한 종류. 연구소에서 만들어지고, 인간에게 몹시 유해한 몇 가지 화학 원소가 포함되어 있다는 점이 특징이다. 20세기에 수차례 사용된 바 있는데, 이탈리아가 리비아와 에리트레아에서 민간인에게까지 사용했다. 1993년 국제 협약에서 화학무기의 소지와 사용에 대한 금지 규정을 설정했다. 현재까지 193개 국가가 이 협약에 서명 승인했지만 아직도 사용되고 있다. 시리아의 알아사드 정권에서 내전 중에 사용했고, 러시아도 푸틴의 정치적 반대자인 알렉세이 나발니Alexei Navalny 살해 시도에 사용했다.

근본주의 일반적으로 종교와 관련된 신성한 명제에 엄격한 해석을 나타낼 때 사용한다. 특히, 다른 해석은 허용하지 않고, 신성한 참고문헌에 포함된 말이나 문자 그대로의 적용에만 관심을 둘 때 근본주의라고 한다. 미국의 개신교를 언급하기 위해 처음으로 사용되었고 이후에는 종교적 해석의 모든 '극단적'인 버전에 적용되었다. 예를 들어 기독교 근본주의, 이슬람 근본주의, 유대교 근본주의라고 부른다.

극단주의 급진적이고 비타협적인 방식을 통해 계획을 실행하고자 하는 태도를 말한다. 정치적 행위뿐 아니라 종교적인 의미에서도 사용된다.

6 혁명이 내전으로, 희망을 찾아 국경 너머로

시리아

터키
시리아
지중해
레바논
다마스쿠스
이라크
점령된
팔레스타인
영토
이스라엘
요르단
사우디아라비아

지도 속의
시리아

내게 시리아는 전쟁 전의 모습을 보지 못해 안타까운 곳이다. 전투로 시가지 전체가 파괴되기 전에는 알레포Aleppo가 어땠는지 보지 못했다. 1986년에 세계문화유산으로 지정된 알레포는 알아사드Al-Assad 군대와 반란군의 격돌의 현장이 됐다. 나는, 서기 715년에 건설됐지만 지금은 무너진 우마이야 대모스크Umayyad Mosque나 12세기에 지어진 알시바니Al-Shibani 교회가 보고 싶었다. 아니면 한적한 시간에 수크Souq(아랍의 시장_옮긴이)를 구경하고 싶었다.

나 같은 일을 하는 사람들에게는 흔한 일로, 나는 분쟁이 일어나면 현지로 날아가서 그 나라에 대해 제대로 알아본다. 이번에도 역시 지도를 살펴보는 것으로부터 시작한다.

시리아는 서아시아에 위치해 지중해를 향하고 있으며, 수도는 다마스쿠스Damascus다. 면적은 18만 5000제곱킬로미터로, 주변국인 이라크나 아프가니스탄에 비하면 상당히 작다. 북쪽으로는 튀르키예, 서쪽으로는 이스라엘과 레바논, 남쪽으로는 요르단, 동쪽으로는 이라크와 국경을 접하고 있다. 시리아에도 다양한 민족(아랍, 쿠르드, 아시리아)과 종교(소니파, 기독교, 시아파, 알라위파) 단체가 있다.

20세기 초, 시리아는 프랑스 지배하에 있었다. 제2차 세계대전이 끝난 후인 1946년 1월에서야 독립을 획득했다. 당시 이 나라는 매우 불안정했다. 1949년 한 해 동안만 세 번의 쿠데타가 발생할 정도였다. 수많은 협회와 정당이 국가의 통치권을 차지하기 위해 치열하게 싸웠다. 결국 바트당이 1963년 군사 쿠데타를 통해 권력을 쥐는 데 성공했다.

시리아의 시간은 샤디Shadi의 눈동자 속에서 드러나는 듯하다. 그와는 주로 업무를 위해, 우리의 이야기에 의미를 부여하고 방향을 잡기 위해 만났다. 샤디의 일대기는 시리아에서 일어나는 일을 조금 이해하게 해준 통로가 됐다.

이제 다 함께 샤디의 인생 속으로, 그의 미소와 그의 침묵 속으로 들어가 시리아의 가장 중요한 사건들을 살펴보자.

샤디, 30년의 역사를 가진 사람

내가 샤디를 처음 만난 건 2013년 여름 튀르키예 안타키아Antakya 반도에 있는 하타이Hatay 공항에서였다. 하타이 공항은 튀르키예와 시리아의 국경에 있는 도시 레이한리Reyhanli에 가기에 가장 편한 공항이다. 이 도시는 규모는 작지만 시리아 전쟁으로 피난을 떠난 수십만 명의 난민을 수용한 곳이다.

전쟁 초반에 시리아에 구호물자를 전달하고 카메라를 들고 분쟁을 기록하러 가려면 레이한리를 거쳐야 했다. 무엇보다 겁에 질린 시리아 시민들이 그곳을 통해 빠져나오려 했다.

2013년 여름 샤디는 **바샤르 알아사드*** 정권에 반대하는 무장 반란군을 지원하던 자유 시리아군ESL에 협력했다. 이들은 사회정의와 정권의 퇴각을 요구했다. 그리고 자유를 요구했다.

샤디는 원래 나와 어떤 사람과의 연락책이었다. 그는 샤디가 믿을 만한 사람이며 시리아까지 안전하게 안내해줄 것이라고 말했다. 나는 그 말을 믿고 공항에서 기다려달라고 부탁했다.

밖으로 나오니 자그마한 체격의 남자가 친절한 미소를 지으며 내 앞에 섰다. 가벼운 바지에 밝은색 셔츠를 입고 있었다. 남자는

키워드

바샤르 알아사드

바샤르 알아사드Bashar Al-Assad는 시리아의 대통령으로, 2000년 아버지 하페즈 알아사드Hafez Al-Assad의 사망 후 권좌에 올랐다. 그의 아버지에 이어 바샤르 또한 시리아 국민을 통제했고 오히려 점점 더 강해졌다. 그 결과 2011년 마그레브Maghreb(리비아, 튀니지, 알제리를 포함하는 아프리카 서북부 지역_옮긴이) 전체를 아우르던 '아랍의 봄' 물결 속에서 시리아에서도 시위가 시작됐다.

시위가 촉발된 동기는 시리아 남서부에 있는 다라Daraa라는 수니파 도시에서 10대 청소년 몇 명이 체포된 사건 때문이었다. 2011년 3월 6일, 10~15세 청소년 열다섯 명이 텔레비전에서 튀니지와 이집트의 아랍의 봄에 관한 뉴스를 보고 "민중은 정권의 몰락을 원한다"라는 슬로건을 벽에 칠했다. 지역 첩보 기관원들이 아이들을 체포했고 이것이 도화선이 되어 청소년들이 속한 지역 부족들이 반란을 일으켰다. 3월 18일 정부 청사 앞에서 폭동이 일어났으나 네 명의 사망자를 낳으며 유혈 진압되었다.

폭동을 잠재우려는 절박함에 대통령이 직접 대표단을 보내 학생들을 석방시키고 지역 당국을 제지했다. 그러나 아무 소용 없었다. 석방된 아이들의 몸에 고문을 당한 흔적이 명백했고 또 다른 폭동이 터졌다. 이 폭동도 폭력으로 진압되었다.

이제 시민들의 불만은 막을 수 없는 상태가 되었고, 저항이 내전으로 확장됐다.

말수가 적었다.

우리가 처음 차를 타고 이동할 때를 떠올려보면 샤디는 나를 관찰했던 것 같다. 샤디는 내가 자신의 이야기를 들려줄 만한 사람인지 알아보려 한 것 같다. 아주 오래전의 이야기부터 시작해 **난민***들에게 음식과 옷을 제공하고 도움을 주던 아트메Atmeh 난민 수용소에서 지내던 시절까지 털어놓아야 했기 때문이다.

그것은 그저 개인의 이야기가 아니라 한 가족의 이야기이기도 했다. 시작은 1982년, 반란이 일어나기 30년 전, 아랍의 봄이 오기 30년 전으로 거슬러 올라간다.

샤디는 시리아 중부에 있는 고향 마을 하마Hamah에서부터 이야기를 시작했다.

키워드

난민

'난민'이라는 말은 1951년 144개국이 가담한 제네바 협약이 체결될 때 만들어졌다. 난민은 인종이나 종교, 국적, 소속된 사회단체, 혹은 정치적 견해로 인해 곤란한 상황에 처할 것이 두려워 자국에서 탈출한 사람이다.

난민이라는 조건은 영구적인 것은 아니다. 본인이 시민권을 가진 자국이 아닌 다른 국가에 망명을 신청하면 얻을 수 있는 신분이지만, 도피할 당시의 사유가 없어져 더 이상 위험하지 않을 경우 난민으로서의 조건이 상실될 수 있다. 난민이 되기 전, 이민자의 상태는 망명 신청자, 즉 출신국이 아닌 다른 국가에 입국 승인을 요청하는 자다. 이후 승인 요청이 수락되면 해당 이민자는 망명 신청자의 상태가 중단되고 난민이 된다.

1950년 난민의 권리와 복지를 보호하는 임무를 수행하는 유엔난민기구UNHCR가 탄생했다. UNHCR은 난민 수용소를 설치하고 전쟁이나 어려운 상황에서 탈출하는 사람들에게 물질적 지원을 제공한다.

2021년 전에는 세계에서 2710만 명이 난민으로 예상됐으며, 열 명의 난민 중 아홉 명이 위기 지역 주변 국가에 수용되었다. 약 180만 명의 난민을 수용한 레바논을 예로 들 수 있으며, 난민 중 150만 명은 인근 국가인 시리아에서 온 사람들이다.

✦

하마의 역사.
아버지의 **발자취**를 따라가는 샤디

샤디는 '하마'라는 도시의 상류층 가정에서 태어났다. 하마는 부유한 마을이었고 다수의 수니파가 살았다.

1982년 2월, 하마 시민 전체가 광장에 모였다. 시민들이 바샤르의 아버지이자 당시 대통령인 **하페즈 알아사드***의 명령에 반대하는 자들을 체포한 것에 항의하기 위해 들고 일어선 것이다.

하마는 며칠 동안 포위되었고, 군대와 정권 보안군은 수천 명의 반대자를 학살하고 고문했다. 수십 년이 지난 지금까지 얼마나 많은 사람이 살해됐는지 명확하지 않고, 희생자 수를 확인하는 것조차 불가능하다. 〈뉴욕 타임스The New York Times〉를 비롯한 일부 미국 언론은 최소 1만 명의 시리아 시민이 살해됐다고 전했고, 시리아 인권위원회에서는 약 4000명이라고 추정하고 있다. 체포된 사람과 고문 희생자 중에는 샤디의 아버지도 있었는데, 그는 살아남지 못했다. 샤디의 아버지는 정권 반대를 위해 거리로 나섰고, 무덤에 묻힐 때가 돼서야 집으로 돌아왔다.

30년 후 하마에서 시민들이 다시 거리 시위에 나섰을 때, 샤디

키워드

하페즈 알아사드

하페즈 알아사드는 1970년부터, 심장마비로 갑작스럽게 사망한 2000년까지 시리아의 대통령을 지냈다. 알라위파Alawites(시아파의 분파)였으며, 수년 동안 수니파 유명 인사와 중산층을 국가의 요직에서 물러나게 하는 데 공헌했다. 수니파 공동체가 압도적인 다수(72%)임에도 불구하고, 소수 종교인 알라위파가 권력을 유지할 수 있었던 것이다.

알아사드는 1970년 11월 13일에 쿠데타를 통해 권력을 장악했다. 문제는 경제에서 금방 드러나기 시작했다. 20세기 후반에 다른 아랍 국가처럼 시리아도 놀라운 인구 증가율을 보였다. 1946년에 300만에서 1970년도에 600만으로 15년이 채 안 되는 동안 인구가 두 배로 껑충 뛴 것이다. 여기에 10년 넘게 진행 중이던, 농민들에게 토지를 공정하게 재분배한다는 농업 **개혁**의 실패가 더해졌다. 그 결과 굶주림을 면하게 해주어야 할 사람의 수가 더 많아지고, 식품의 생산 및 분배 체계가 제대로 이루어지지 않자 국민들에게 불만이 확산됐다.

1973년 대통령의 권한을 강화하는 새로운 헌법이 승인되었다. 이때부터 알아사드가 직접 이끌지 않은 모든 기관이 약화되었고 대통령이 무장군과 정보부, 특수부대의 통제권을 갖게 됐다.

몇 년 동안은 알아사드도 경제를 최대한 자유롭고 경쟁력 있게 만들고자 했다. 그토록 배제하려 했던 수니파 엘리트를 경제 주체로 복귀시키기로 했다. 알아사드의 목표는 중동의 기준이 될 수 있을 정도로 매우 강한 나라를 만드는 것이었다. 그뿐만 아니라 시리아 국경 내의 영토뿐 아니라 인근 레바논까지 포함하는 국가를 만들어 오스만제국 시절의 지도로 되돌리려는 야심도 갖고 있었다. 이러한 이유로 1975년부터 시리아 대통령은 레바논 내전에 개입하기로 결정하고 자국의 군대를 레바논에 파견했다. 이 파견군은 2005년이 되어서야 철수했다.

도 아버지의 자취를 따라 그곳에 나왔다.

2011년 7월 3일이었고, 샤디는 그날을, 생일보다 더 가치 있는 날이라고, 세상에 다시 태어난 것 같은 날이었다고 했다.

엄청난 두려움도 뒤섞여 있었지만, 반란을 진압하기 위해 바샤르 알아사드가 파견한 군인들의 얼굴을 보면서 감정이 북받쳤다. 군인들은 자유와 권리를 호소하며 강물처럼 거리로 밀려드는 거대한 인파가 눈앞에 펼쳐지는 광경이 믿기 힘들었다.

2011년에 샤디는 더 이상 시리아에 살고 있지 않았다. 오래전에 런던으로 이주해 경제학을 공부했고, 최고 학점으로 졸업해 석사 학위를 받은 후 두바이에서 직장을 잡았다.

텔레비전을 켜고 인터넷 사이트를 뒤져서 광장에 모인 사람들을 지켜봤다. 처음에는 튀니지 폭동을 보았고, 그다음에는 이집트 폭동, 그리고 자신의 나라에서 벌어진 폭동 소식을 봤다. 샤디는 행복했다. 그러나 그 행복은 잠시였고 이후로는 초조와 불안, 두려움이 느껴졌다. 결국 그는 고향으로 돌아가는 것이 자신의 의무라고 생각했다.

하페즈 알아사드 정권은 그의 아버지를 죽였고, 형은 현 정권의 정치적 반대자라는 고발로 인해 집 앞, 형수와 조카들이 보는 앞에서 냉혹하게 처형당했다. 샤디는 자신의 동족들이 자유를 찾기 위해 목숨을 거는 모습을 지켜보고만 있을 수 없었다. 자신도 가야 한다고, 이제 자신의 차례가 왔다고 생각했다.

아트메 수용소 천막에서 카다멈 차를 마시며 샤디가 말했다.

"1982년도에 정부에서 아버지를 데려갔을 때 저는 여섯 살이었어요. 저는 상실의 기억과 복수심만 가지고 자랐죠. 크면 클수록 아버지 생각이 더 많이 났고, 아버지의 얼굴을 더 많이 떠올려 보려 했어요. 그사이 하페즈 알아사드는 정권의 상징으로 도시를 점점 더 뒤덮고 있었죠. 저는 제 차례가 됐다는 것을 알고 반란을 위해 고향에 돌아왔어요."

그렇게 샤디는 짐을 꾸려서 두바이를 떠나 시리아로 향했다. 언제 한번은 저녁이나 같이 먹자며 그의 아내와 두 아들을 내 집으로 초대했다. 이 가족은 레이한리에 정착해 살고 있는데, 국경에 위치한 이 도시는 시리아를 드나들 때 이용하기 좋은 조건을 갖추고 있다.

레이한리는 튀르키예의 도시도 아니고, 그렇다고 시리아의 도시도 아니다. 시리아의 경우 난민을 받아주고, 튀르키예의 경우 도움만 주는 것이 아니라 매매 **투기**도 이루어진다. 시리아 내전이 일어나기 전에 레이한리에서는 임대료가 한 달에 100유로를 넘지 않았다. 그러나 전쟁이 시작된 후 수천 명의 난민이 들어오자 500유로, 심하게는 600유로까지 치솟았다.

"한 손으로는 도움을 주고, 다른 한 손으로는 돈을 버는 거죠."

샤디가 말했다.

우리는 양탄자를 깐 바닥에 앉아 배불리 먹었다. 그러고 나서 샤디가 공원을 향하고 있는 작은 발코니에 앉아보라고 했다. 우리 앞에서 아이들이 축구를 하고 있었다.

우리가 공항에서 만난 지 벌써 며칠이 지났고, 샤디도 나를 믿을 수 있다고 판단할 정도로 충분히 살펴보았다. 이제 그의 이야기를 할 때가 온 것이다. 그가 체포된 사연 말이다.

✦

시리아 내전, **고문**과 **학대**, 억압에 관한 이야기

두바이에서 시리아로 돌아온 후 샤디는 반란군의 지지자가 됐다. 자신의 가족사와 아버지와 형의 운명을 통해 바샤르 알아사드 정권 정보부의 감시하에 놓일 것을 알았지만, 그런 위험 따위가 그를 막을 수는 없었다. 그래서 광장으로 나가 정권 퇴진을 요구하기 위해 자신과 같은 시민들을 조직하기 시작했다.

그러나 시리아 정보부는 샤디가 하마 폭동의 주동자 중 한 명이라는 사실을 금방 알아냈고, 어느 날 아침 남자 몇 명이 그의 집까지 찾아와 머리에 두건을 씌우고 비밀 감옥으로 데려갔다. 그곳에서 샤디는 일주일 동안 굶었다. 그들은 샤디에게 다른 아사드 반대자의 이름을 대라고 강요했다. 그러나 그가 침묵으로 일관하자 전기 충격으로 고문을 시작했다.

고문은 매일 이어졌다. 샤디는 고통에서 살아남기 위해 당시 둘째아이를 임신하고 있던 아내만 생각하며 버텼다고 했다. 매일 사람들이 죽는 모습을 봐야 했다. 고문을 당하고 죽기 직전에 감방으로 돌려보내기 때문이었다. 샤디는 자신도 그 사람들처럼 죽을 것이라 생각했고, 알라신을 떠올리며 기도했다.

"상황이 어떻게 되든 알라신이 도와주실 거라 생각했어요."

몇 주 후 샤디는 혼자만 있는 방으로 옮겨졌다. 벽에 뚫린 작은 구멍으로 스며드는 아주 작은 붉은 빛 외에는 완전히 캄캄한 고문실이었다. 그들은 샤디의 손목을 묶고 천장에 매달아두었다. 그는 몇 시간 동안 벌거벗은 채로 매달려 있어야 했다. 고문실 문에 달린 자물쇠 열쇠가 돌아가는 소리가 들릴 때마다 전기선이 연결될 시간이라는 것을 알았다. 군인들의 발걸음 소리가 가까워질수록 샤디는 아내와 아이들 생각에 더 집중하며 버티려 애썼다. 가족을 생각하며 기도하고, 빨리 끝나기를 바랐다.

그곳, 그 감옥에서 샤디는 시간 감각을 잃었다. 그곳에서 나온 후에야 그곳이 팔미라Palmyra 감옥이었다는 것을 알았다. 사막 한가운데 있는 이 감옥은 바샤르 알아사드 정부에서 정치적 반대자들을 가두는 곳으로, 살아서 나오는 사람이 몇 안 됐다.

샤디의 가족이 아사드 군대의 고위 사령관을 매수하는 데 성공해 샤디는 3개월 후에 풀려날 수 있었다. 샤디를 빼내려고 가족들은 모든 것을 팔았다. 집도 돈도, 아무것도 남지 않았지만, 샤디가 살았고 감옥에서 나왔다.

석방된 후 샤디는 회복을 위해 6개월 동안 재활 병원에 있었다. 퇴원하자마자 그의 어머니는 시리아를 떠나라고 애원했다. 유럽으로, 안전한 곳으로 가족을 데려갈 수도 있었다. 그러나 샤디는 반대했다. 그는 자유를 위해 싸우기로 결심했기 때문이다.

그는 시리아에 남아 자유 시리아군에 협력하며 튀르키예-시리아 국경에서 일하고 있다. 그곳에서 수많은 사람이 들어오는 것을 보았다. 어느 가정이든 전제 정권과 그 동맹군의 폭격으로 사망한 가족이 적어도 한 명은 있었다.

"아이들이 부모와 형제를 잃고 혼자 수 킬로미터를 걸어오는 것을 봤어요. 말도 못 하게 만신창이가 된 사람들도 봤고요."

2013년 여름, 나는 샤디를 따라 난민 수용소에서 일했다. 내가 샤디를 다시 만난 것은 8개월 후였다. 그사이 그의 얼굴은 바뀌어 있었고, 시리아 혁명의 운명도 바뀌었다. 이 부분에 대해 알아볼 필요가 있다.

✦

내전이 된 시리아 혁명, 이후의 대집행 전쟁

우선 시리아 내전은 다른 내전과는 다르다. 시리아를 상대로 한 전투에 시리아인만 있던 것이 아니라 외국 세력이 개입했기 때문이다.

예를 들어 전선의 이쪽이나 저쪽에 배치된 군인 중에는 미군과 러시아군, 프랑스군은 물론, 튀르키예군과 아랍에미리트군, 카타르군도 있었다. 여기에 다양한 종교 및 민족의 무장 민병대같이 국가에서 관리하는 여러 군사 활동가가 추가되었다.

시리아 내전은 2011년 7월, 일부 군인이 시위대를 향해 발포를 거부한 때부터 시작되었다고 추정할 수 있다. 당시 이 군인 중 한 명이 시리아에 민주주의의 싹을 틔우는 데 찬성한 일부 서구 국가의 지지를 받아 자유 시리아군을 창단하기로 결심한 것이다.

2012년 11월에는 바샤르 알아사드 정부에 반대하는 시리아 국민 연합이 탄생했다. 누구나 예상할 수 있겠지만, 일부 국가는 이 연합에 상당히 열광해 지원까지 했다. 이 국가 중에는 미국과 영국, 프랑스, 튀르키예를 비롯해 이 연합을 시리아 국민의 '합법적인 대표'라고 인정한 걸프만 국가들이 있다.

또한 2013년 8월 21일 버락 오바마 미국 대통령은 시민을 대상으로 **사린**sarin **가스**를 이용해 수백 명의 희생자를 만든 아사드 정권을 비난했다. 프랑스는 지체 없이 이 군사 작전을 지원한 반면, 영국은 상당히 회의적이고 신중했다. 미국이 발견되지도 않은 대량살상무기를 사담 후세인이 보유하고 있을 것이라며 잘못된 비난을 했던 일을 기억하고 있기 때문이었다. 그래서 영국은 망설였고, 러시아는 이 불확실한 상황을 이용했다. 사실상 푸틴은 이전부터 아사드 대통령과 친분이 있었고, 당시 유엔의 감독하에 시리아 정권의 화학무기 파괴를 제안해 동맹인 아사드의 생존에 적지 않은 문제를 불러올 서방 연합의 개입을 피하려 했다.

그러나 내전 중에 창설된 반군이 자유 시리아군만 있는 것은 아니었다. 오히려 그 반대였다. 몇 개월 동안 지하디스트 단체들이 아사드 정권을 전복시키려는 세력의 중심에 있었다. 이 극단주의 단체의 존재는, 특히 유럽에 ISIS의 초기 공격이 발생한 후 서구 열강 측의 반아사드 연합에 대한 지원에 심각한 문제를 일으켰다. 이때부터 서구 열강은 전제 정권을 전복시키기 위한 반아사드 연합을 지원한다는 초기 목표를 잃었다.

2015년에는 러시아도 아사드 정권을 지원하며 공식적으로 분쟁에 뛰어들었고, 이때 서구 세력은 군사 작전의 대상을 독재자에서 ISIS로 옮기고 있었다. 이러한 목표물 변경의 여파는 곧바로 나타났다. ISIS는 2017년 10월 17일 라카Raqqa가 몰락하기 전 몇 개월 동안 정복한 영토를 2년 사이에 하나씩 잃었다.

이 전쟁은 이제 국제화된 내전이 되었다. ISIS가 몰락하고 2019년 미군이 철수하면서 초기에 비해 충돌이 줄어들긴 했지만, 미국과 러시아는 물론, 이란, 튀르키예, 사우디아라비아, 이스

전쟁으로 파괴된 시리아 도시 라카

© Mahmoud Bali(VOA)

라엘 등이 한 발씩 걸치면서 내전은 점점 복잡한 양상을 띠어갔다. 한편 시리아 정부와 반란군의 모든 평화적 시도는 별다른 성과를 거두지 못했다.

남은 것은 680만 명의 시리아인들이 자국을 떠나 유럽으로 향하게 만들고(현재는 튀르키예와 레바논, 요르단에서 시리아 난민의 대다수를 수용하고 있다), 이 외 수많은 사람이 10년 넘게 이어지고 있는 전쟁의 피해를 그대로 받고 있다는 심각한 인도주의적 위기다.

전쟁처럼 **변화하는** 샤디의 **얼굴**

이러한 이유로 나는 수년 동안 전쟁이 변하는 것처럼 샤디의 얼굴이 변하는 모습을 보게 됐다. 변화에 대한 희망이 또 다른 두려움으로 변하는 것도 보았다. 극단주의자 단체가 반란의 영혼을 훔치는 모습이 씁쓸한 현실이 될 것이라는 두려움이었다.

그는 만날 때마다 점점 슬퍼했다. 그사이 국경을 넘기가 점점 더 어려워지고, 아트메 난민 수용소에 들어가기도 점점 더 어려워졌다. 이제 수용소는 시리아에 도착한 전사들이 이슬람 국가의 민병대와 합류하기 위한 상륙지이자 지하디스트 단체들이 젊은이들과 젊지 않은 자들의 좌절감을 이용해 입대시키는 곳이 되었다.

샤디는 이 단체들과 타협하려 하지 않고, 아사드 정권으로부터 나라를 해방시키려 서방에 도움을 요청했으나 도움의 손길은 오지 않았다. 그사이 ISIS 군대가 반란군이 해방시킨 지역을 정복하며 쉼 없이 전진하는 상황을 견딜 수 없었다.

전제 정권과 지하디스트 단체가 이중으로 가하는 위협을 마주한 샤디는 더 이상 자신이 원했던 대로 사람들을 도울 수 없게 됐다. 그래서 어느 날, 용기를 내어 가장 어려운 선택, 즉 유럽으로의 탈출을 선택했다.

샤디는 약간의 돈을 모아 밀수꾼에게 지불하고 바다를 건너 그리스에 도착했다. 그리고 발칸 반도를 지나 네덜란드로 갔다. 가족을 구하기 위해서였다.

현재 샤디는 암스테르담에 살고 있다. 셋째 아들도 낳았다. 우리가 마지막으로 만난 것은 그곳에서였다. 그의 눈빛은 2013년 레이한리 공항에서 만났을 때와 똑같았다. 그러나 그의 미소에서는 희망이 사라졌다.

"저는 고문과 전쟁에서 살아남았고, 지금은 안전해요. 하지만 제 나라는 그렇지 않죠. 저처럼 세상이 변하는 것을 보고 싶은 사람에게 망명은 너무 슬픈 운명이에요."

2016년 가을, **알레포**의 **몰락**

2016년 겨울, 동맹국 러시아의 지원을 받은 바샤르 알아사드 정권은 당시까지 반란군의 통제하에 있던 알레포 동부의 통제권을 되찾았다.

포위 공격은 5개월 전인 7월에 시작됐다. 포위 공격을 하는 동안 알레포 동부에는 몬테르Monther라는 청년이 살고 있었다. 당시 몬테르는 스물여덟 살이었고, 시리아 혁명 전에는 안경사로 일하며 미술사를 공부했다. 몬테르도 광장에 나가 반란군에게 힘을 실어주기로 했다. 그렇게 알레포에 남기로 했다.

전쟁 중에 결혼을 했고 아들도 낳았다. 몬테르는 폭격이 무서워 아들을 집 밖으로 데리고 나가지 않았고, 아들을 따뜻하게 해줄 방법이 없어 담요로 텐트를 만들었다. 마을에는 전기가 들어오지 않고 연료 같은 것도 없었다. 심지어 장작도 없어서 알레포의 겨울은 너무 추웠다. 그와 간신히 전화 통화가 됐을 때 이런 말을 했다.

"알레포에서 아버지가 된다는 게 어떤 건지 설명을 못 하겠어요. 저한테는 세상에서 가장 어려운 일이네요. 2011년보다 정권에 맞설 용기는 훨씬 더 많아졌어요.”

문을 연 병원이 하나도 없고 약도 없어서, 몬테르는 아내와 아들이 치료받을 일이 없기를 매일 기도한다고 했다. 알레포는 굶주림과 고단함, 그리고 죽음의 그림자에 쓰러져가는 도시였다. 포위 공격은 그런 식으로 진행된다. 도시의 경계선 밖에는 식량과 약품을 비롯한 구호품이 쌓여 있지만, 전제 정부와 그 동맹군이 사람들의 사기를 꺾으려고 들여보내지 않는다.

“저희가 가장 힘든 것은 구호품이 다 보이는데도 사랑하는 사람들이 굶어 죽는 거예요.”

어느 날, 힘들게 성공한 전화 통화 중 그의 아들이 우는 소리와 폭격 소리가 들렸다. 나는 그가 탈출할 수 있기를 바랐지만, 휴전 선언은 결코 지켜지지 않았다. 폭격은 멈추지 않았고 목표물은 분명했다. 도시가 무너지고 반란군이 항복해야 했고, 폭격이 얼마나 많은 것을 파괴할지는 중요치 않았다.

유엔이 전한 바에 따르면 알레포를 포위 공격하는 며칠 동안 수백 명이 실종되었다고 했고, 몬테르가 그 사실을 확인시켜주었다. 그는 자신도 똑같은 운명이 될까 봐 두려워하고 있었다.

“30대에서 50대 남성 수백 명이 사라졌어요. 제 친구 중에도 탈출하려던 네 명이 사라졌는데 흔적도 없어요. 정부가 우리에 대해서 알고, 우리를 적이라고 생각하고 있어요. 혁명 전에, 그러니까 전쟁 중에 하던 것처럼 할 건가 봐요. 우리를 감옥에 집어넣을 거예요. 고문도 하고요. 그러다 죽이겠죠. 저는 제 걱정은 하지 않아요. 그저 아내와 아들이 걱정스러울 뿐이에요."

그게 우리의 마지막 통화였다. 그들은 몇 주 동안 쌀만 먹고 있다고 했다. 고깃값이 1킬로그램에 50달러까지 올랐고, 밀가룻값도 금값이었다. 아이들에게 먹일 우유도 없었다. 운이 좋은 아이들은 모유라도 먹을 수 있지만, 다른 아이들은 굶어 죽어가고 있었다.

포위 공격이 계속되던 어느 날, 전 세계에서 세계 인권의 날을 축하하는 사이, 몬테르는 알레포의 폐허 속에서의 생활을 촬영하러 거리로 나섰다. 나는 아직 그 영상을 가지고 있고, 몬테르가 겪은 일을 잊지 않으려고 가끔 틀어본다. 알아볼 수 없을 정도로 바싹 마른 몬테르가 폭탄 소리가 사방에서 들리는 가운데 잔해 사이를 걸으며 말한다.

"알레포에는 '인권'이라는 단어가 존재하지 않습니다. 여기서는 농담일 뿐이에요. 인권이라는 말을 한다는 것 자체가 우습죠. 저희는 이제 짐승이 됐어요. 우리는 더 이상 인간이 아닙니다. 적어도 2년 전부터 우리는 역사에서 제외됐어요. 시리아 전쟁에서 아사드와 테러리스트 간의 전쟁을 떠올리는 사람들 때문이죠. 모두 알고 있고, 모두 보고 있지만 그 누구도 우리를 위해 아무것도 하지 않아요. 여러분은 우리 아이들의 죽음을, 굶어 죽은 우리 아

2012년 시리아 내전 중 부상당한 민간인이 호송된 알레포의 한 병원 앞

ⓒ Scott Bobb(VOA)

이들을 목격했습니다. 그런데 아무것도 하지 않았어요. 이제 우리가 할 수 있는 것은 끝까지 저항하는 것밖에 없어요. 지구 반대편에서 우리를 위해 무엇이든 해줘야 합니다."

그날 저녁, 몬테르는 내게 영상을 전송하며 이렇게 썼다.

"이제 알레포에서는 다들 죽을 차례만 기다리고 있어요."

✦

시리아, 기자, **목격자**

알레포에는 또 다른 친구 자우히르 Zaouhir가 남아 있었다. 시아파 민병대가 시민들의 피난을 차단했고, 굶주림은 점점 더 심해졌지만 자우히르는 매일 아침 소형 카메라를 들고 나와 사람들의 고통을 알리려 했다. 폭격과 고통에 대한 이야기를 전하고 밖에 있는 우리 모두에게 증언하려 했다. 자우히르나 그처럼 용감한 기자들이 없었다면 우리는 정보를 전혀 알 수 없었을 것이다.

자우히르는 매일 겸손한 자세로 전 세계에 시리아의 고통을 호소했고 점점 더 힘들어지고 점점 더 슬퍼지고 점점 더 굶주리고 있는 시민들이 겪고 있는 불의에 대해 호소하려 했다.

2016년 12월의 어느 날, 자우히르가 피신하고 있던 집에서 영상 한 편을 보냈다. 영상 속에서 그는 "어떻게 좀 해주세요, 도와주세요"라고 말했다. 그 말을 얼마나 많이 반복했는지 거의 기도처럼 들릴 정도였다.

"거리로 나가 시위를 해주세요. 도와주세요. 우리가 자유를 얻도록 무엇이든 해주세요."

자우히르의 말은 시리아 폭동이 내전이 되기 전의 일들을 상기시키려 한 것이다. 실제로 그 폭동은 자유를 위한 혁명처럼 일어났다. 그는 내가 그것을 잊지 않기를 바랐다.

물론 나는 잊을 수 없다. 그러나 이 복잡한 세상에서 시리아 혁명은 남의 일이 됐고, 2011년 자유롭고 민주적인 국가에서 살 권리를 주장하던 사람의 명분 따위는 서랍 속에 넣어두고, 저 깊은 망각 속에 숨겨두고 다들 바라만 보고 있었다.

자우히르는 나와 같은 일을 했고, 그래서 포위 공격을 겪고 있는 그에게 질문하는 것이 쉽기도 했지만 엄청나게 곤란하기도 했다. 우리의 대화에서는 항상 말하지 않아도 아는 것이 있었다. 그것은 매번 통화가 마지막일 수 있다는 것이었다. 자우히르는 전화를 끊을 때마다 "여기 사람들은 죽을 날을 기다리고 있어요"라고 말했다.

자우히르는 포위 공격을 당하고 있는 알레포에서 내게 수없이 말했다. 그곳에서 자우히르가 마지막으로 전화를 했을 때 내가 죽음이 두려운지 물었다.

"누구나 죽는 것은 두렵죠. 당신들은 우리의 죽음을 보는 게 무섭지만 우리를 잊었잖아요. 저는 죽음을 봤어요. 아이들이 길에서 죽는 걸 봤고, 눈을 감으면 죽음이 다가오는 게 보여요. 군인의 손에 죽는 여자들도 봤어요. 알레포를 빠져나가는 민간인들도 처형당하겠죠. 저도 죽는 게 무서워요. 당신도 그렇고 다들 그렇잖아요. 하지만 저는 여기 있으니 이 두려움을 안고 있어야죠."

그는 수개월 동안 몸을 씻을 깨끗한 물도 없는 도시에서 바닥에 쓰러진 시체를 거둬주었다. 그는 알레포 사람들이 5년 동안 폭격을 가한 사람들에 의해 구출됐다는 메시지가 역사에 기록되게 하고 싶지 않아 도망가지 않은 알레포의 젊은 기자였다.

자우히르는 2011년, 젊은 나이에 광장에 나가 '자유'를 부르짖었고, 2022년에는 전제 정권의 통치가 되살아난 알레포에 살면서 매일 체포될 것을 두려워하며 살아야 한다.

그러나 그가 말하는 더 큰 두려움은 다른 것이었다.

"저도 죽는 게 무서워요. 하지만 그보다는 제가 쓸모없는 존재가 될까 봐 무서워요."

시리아 요약 연대표

1946년
프랑스의 지배에서 벗어나 독립을 쟁취.

1963년
바트당이 쿠데타를 일으켜 권력을 얻음.

1970년
바트당의 당원인 하페즈 알아사드가 쿠데타를 통해 권력을 잡음.

1973년
대통령의 권한을 강화하는 새로운 헌법이 승인됨.

1975년
시리아가 자국군을 보내 레바논 내전에 개입.

2000년
하페즈 알아사드 대통령이 심장마비로 급사. 둘째 아들 바샤르 알아사드가 대통령이 됨.

2003년
바샤르 알아사드가 '이라크 자유' 작전 중인 이라크의 사담 후세인 정부를 지원.

2011년
다라에서 청소년 체포 후 시리아에서도 아랍의 봄이 시작됨.

2011년 7월
시리아 내전 발발.

2015년
러시아가 바샤르 알아사드를 지원하기 위해 분쟁에 참여.

2018년 말
아사드 지원 군대가 거의 모든 영토를 탈환하고, 수백만 명의 시리아인들이 인도주의적 위기를 피해 시리아를 떠남.

용어 해설

개혁 제도나 체제, 사회 분야와 관련된 중요한 변화를 의미한다. 개혁은 사회(사회적 개혁)나 경제(경제 개혁)를 비롯해 종교(종교 개혁)도 해당될 수 있다.

투기 매우 희소한 물건을 판매해 최대한의 수익을 올리려는 경제 활동이다. 예를 들어, 시장에 곡물이 거의 없는데(기근과 같은 이유로) 시민들이 지속적으로 곡물을 찾아 수요가 높은 상태일 때, 누군가 자신이 곡물을 판매할 수 있는 소수의 판매자라는 것을 알고 곡물의 가격을 고의로 올릴 때 투기를 한다. 투기를 통해 막대한 수익을 올릴 수 있다.

전기충격 고문의 한 방식으로 고문당한 자의 신체 부위 중 민감한 부분과 배터리, 혹은 전류 생성기에 연결하는 전선을 이용하는 경우가 많다. 고문기가 전기 충격을 방출하면 고문을 당하는 사람의 온몸에 확산된다. 전기 충격의 강도는 고문을 받는 사람이 사망에 이르지는 않고 지속적으로 고통만 받도록 제어된다.

사린 가스 대량 살상 화학무기로 여겨지는 가스다. 인체에 유해하며 흡입하거나 피부에 접촉하면 인체에 치명적이다. 가스에 포함된 물질은 신경계를 파괴하고, 특히 가스를 마신 사람의 호흡을 방해한다.

인도주의적 위기 특정 요인에 의해 시민의 생명이 위험에 놓이는 상황이 발생했을 때 인도주의적 위기라 부른다. 이 위기의 요인은 자연적이거나(지진, 홍수, 전염병 등) 사람에 의한 것(전쟁, 침략 등)일 수 있으며, 일반적으로 최악의 영향을 받는 일반 시민이 대상이 되는 경우가 많다.

망명 시민권을 가진 국가 밖에서 살아야 하는 사람들이 처한 상황을 말한다. 이러한 조건(상황)은 해당 시민을 자국에서 추방하는 국가에서 지정할 수도 있고, 박해나 폭력을 피하기 위한 당사자의 선택에 의해 자발적으로 설정될 수도 있다. 망명은 일시적일 수도, 영구적일 수도 있다.

글을 마무리하며

"어떻게 지내세요?"

이 책을 끝까지 읽은 여러분에게 묻고 싶다. 독자 여러분에게 놀라움이나 호기심, 분노를 터뜨리는 일은 무엇인지 묻고 싶다. 무엇이 가장 불공정해 보이는지, 할 수 있다면 그런 것은 어떻게 바꾸고 싶은지 궁금하다.

앞으로는 시민이 될, 한 사람의 시민인 여러분에게 인사를 건네본다. 지난 수년 동안 내가 보고 듣는 특권을 누렸던 것 중 일부를 여러분에게 전하면서. 사실 이것은 주머니 속에 넣어둬야 할 질문이다. 가장 하기 힘들고 받기도 힘든 인사다.

"어떻게 지내세요?"

상투적인 문장처럼 자동으로 우리 입 밖으로 나오는 질문이지만, 사실 타인을 향한 가장 큰 관용을 표현하는 말이다. 이것은 그냥 묻기만 하는 것이 아니라, 들을 준비가 되어 있는 질문이다. 진심으로 뒤에 이어질 대답을 들으려 하는 질문이다. 그리고 사람에 따라, 우리의 확신을 흔들리게 하는 질문이 되기도 한다.

독자 여러분에게 바란다. 그늘 속에 있는 사람들이 근본적으로 우리와 다른 상황에 놓이게 된 이유는 무엇인지에 호기심을 가지고, 그 호기심에 대한 열정을 갖기를 바란다.

여기까지 읽은 여러분이 부디 세상에 끊임없이 질문을 던지기를 바란다. 그것이 세상을 이해하는 유일한 방법이고, 또 세상을 바꿀 수 있는 유일한 방법이다.